Dieses Werkbuch gehört:

....

Kalligraphie

Die stille Kunst, eine Feder zu führen

von

Andreas Schenk

mit Illustrationen vom Verfasser und K.-S. Schäffel

und Fotografien von Thomas Dix

3ᵃ Auflage

Aarau-Stuttgart 1991

AT Verlag

Dieses Buch widme ich
Annina & Florian
und
allen heranwachsenden Menschen, auf dass sie
an einer gepflegten Handschrift
Freude
finden mögen

3. Auflage, 1991

© 1989
AT Verlag Aarau/Schweiz
Gesamtherstellung: Grafische Betriebe
Aargauer Tagblatt AG, Aarau
Printed in Switzerland

ISBN 3-85502-375-1

VORWORT

Jede Schrift gibt uns die Möglichkeit, Gedanken und gesprochene Worte über einen gewünschten Zeitraum festzuhalten, und ist wie die Sprache ein Mittel zur Mitteilung und zur Verständigung unter den Menschen.

Schon in frühester Zeit haben die Schriften verschiedener Kulturen in der Architektur und Kalligraphie eine künstlerische Bedeutung gewonnen, die sie nicht nur als Träger der Sprache, sondern auch mit ihren Formwerten zu einem wesentlichen kulturellen Bestandteil werden liess.

Schriftgestaltung als ästhetische Erziehung enthält wertvolle Kräfte, die in jedem Fall eine wesentliche Bereicherung darstellen. Sie verlangt Präzision, Selbstbeherrschung, Konzentration und Ausdauer und hilft, ein sicheres Augenmass, ein Gefühl für Proportionen und eine bestimmte Handfertigkeit zu entwickeln. Der meditative Charakter, die bedächtige Beschaulichkeit der Schreibkunst, wurde schon in frühester Zeit von allen Kulturen erkannt und wird auch heute vielerorts im stillen gepflegt.

Dieses Buch, das aus den Arbeitsblättern jahrelangen Kalligraphie-Unterrichts entstanden ist, soll einen Anstoss in eine wenig dokumentierte Richtung der Kalligraphie geben. Es erhebt keinen Anspruch auf Vollständigkeit, hat aber ein besonderes Augenmerk auf die praktische Seite des Schreibens und gibt zahlreiche nützliche Hinweise, die allzuoft übergangen oder schlicht vergessen werden. Es ist kein Buch zum Lesen, sondern soll als Nachschlagewerk, als Stütze und Ergänzung dienen.

Basel, den 12. Oktober 1989
Andreas Schenk

Das Scriptorium am Rheinsprung

Die obige Zeichnung wurde 1988 von Klaus Peter Schäffel mit Tinte
und Feder im Scriptorium angefertigt und zeigt den
Schreibtisch mit seiner Umgebung.

Bei der Wahl des Standortes wurde darauf geachtet, dass die Arbeitsfläche von der linken Seite
mit Tageslicht ausgeleuchtet wird. Die Tischhöhe ist so dem Körper angepasst, dass die untere
Kante der Schreibfläche auf der Höhe des Brustbeines liegt und beide Elbogen
gut auf der Fläche aufliegen können. Die Tischschräge sollte so ausgewählt
werden, dass ein abgelegtes Papier nicht rutscht aber
durch anstossen zu Boden fällt. Als
Schreibunterlage ist Kalbsleder
zu empfehlen. Alle
weiteren Utensilien werden ausführlicher
in den folgenden Kapiteln beschrieben und können
im Schlagwortregister leicht auf-
gefunden werden

INHALT

SCHRIFTENTWICKLUNG

MERKZEICHEN, GEDÄCHTNISSTÜTZEN

Am Beginn der Entwicklungsgeschichte der Schrift stehen die Merkzeichen. Abgeknickte Äste zur Wegbezeichnung oder aufeinandergelegte Steine zum Wiederfinden eines Platzes sind typische Beispiele dafür. Diese Zeichen, die allein dazu dienen, auf gewisse Gegebenheiten aufmerksam zu machen, bestehen meist in einer bewussten Veränderung bestehender Materialien und erscheinen in ihrer höheren Entwicklung als schlichte Kerben an Hölzern oder Knoten in Schnüren. Merkzeichen entspringen nicht dem Bedürfnis, etwas abzubilden, und sind für den nicht Eingeweihten oft nur durch Beobachtung des Zusammenhanges verständlich. Ein Knoten im Taschentuch ist ein typisches Merkzeichen; es hat lediglich die Funktion, uns an etwas zu erinnern.

IDEENZEICHEN, IDEOGRAMME UND PICTOGRAMME

Am Ursprung der Schriften des Altertums stehen die Ideogramme. Es handelt sich dabei um vereinfachte bildliche Darstellungen, die nicht nur Wörter, sondern auch Gedanken und ganze Aussagen festhalten. Sie bedeuten unmittelbar das, was sie darstellen. Bekannt sind die Ideogramme der Indianer, die Briefe, Urkunden und Kalender in Bildform verfassten. Als Siegel und in Familienwappen finden sie auch heute noch Verwendung.

Mit den frühesten Handelsbeziehungen und der Gründung der ersten grösseren Staatsgebilde entstand auch das Bedürfnis nach einer vereinfachten und verbindlich festgelegten Schrift. Einen ersten Schritt dazu bilden die Pictogramme oder Wortbildzeichen. Pictogramme sind aus Ideogrammen abstrahierte, vereinfachte Bilddarstellungen. Ein gutes Beispiel dafür sind die Bildzeichen der ägyptischen Hieroglyphenschrift. Auch in der chinesischen und japanischen Kalligraphie sind uns zahlreiche solcher Pictogramme bis heute erhalten geblieben. Astrologische Symbole und leicht verständliche Signete, wie z.B. der Totenkopf als Symbol für «Gift», bilden auch heute noch einen aus unserem täglichen Leben nicht wegzudenkenden Bestand an Pictogrammen.

Oben: Verbreitung des phönizischen Alphabetes vom Sinai-Gebiet aus. Wandlung zu den nordischen Runen, zur kyrillischen, arabischen, hebräischen und indischen Schrift.
Unten: Entwicklung der Bildschrift zur Lautschrift.

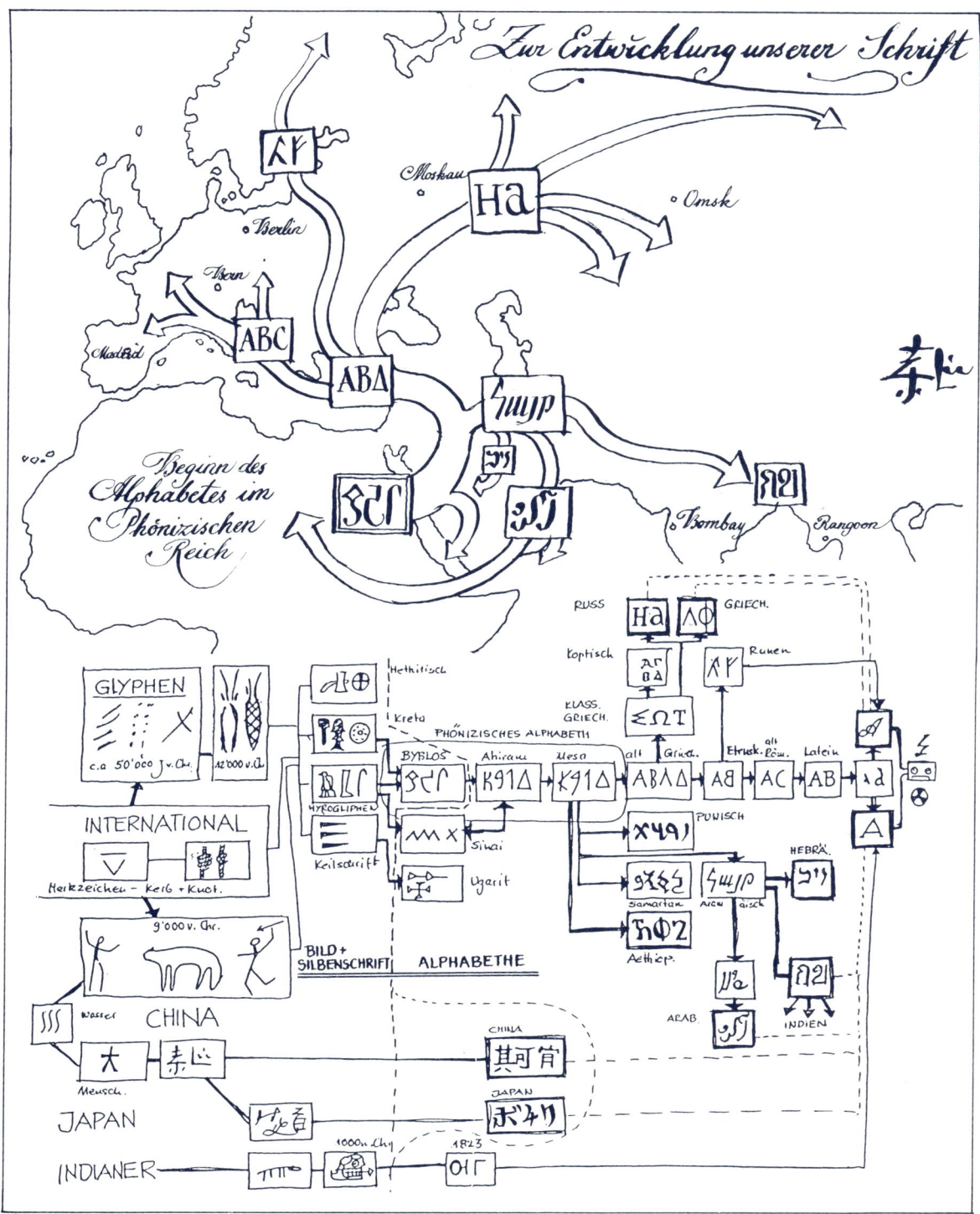

Zur Entwicklung unserer Schrift

Beginn des Alphabetes im Phönizischen Reich

9

ZEITTAFEL ZUR SCHRIFTENTWICKLUNG

ca. 4000 v. Chr. Pictogramme, Rollsiegel in Stein und Metall zur Besitzmarkierung.

ca. 3000 v. Chr. Sumerische Pictogramme auf Tontafeln. Ägyptische Hieroglyphen in Stein. Hieratische Kurrentschrift mit Binsenbürsten auf Papyrus.

ca. 2800 v. Chr. Keilschriften in Mesopotamien durch Abrucke von Dreikantgriffeln in feuchten Ton.

ca. 2500 v. Chr. Geritzte Namenschilder auf Speerspitzen und Tontafeln im Industal.

ca. 2000 v. Chr. Kreta: Linearschriften A und B auf Tontafeln und Metallscheiben.

ca. 1500 v. Chr. Ansätze einer Alphabetreihe in Keilschrift in Phönizien (Ugarit).

ca. 1000 v. Chr. Byblos in Phönizien: Buchstabenschrift auf dem Sarkophag des Königs Ahiram. Die Grundlage für die aramäische, griechische und lateinische Schrift war somit geschaffen.

LAUTZEICHEN, PHONOGRAMME

Ein weiterer Schritt zur Vereinfachung und Vereinheitlichung bestand darin, für Wörter gleichen Klanges immer dasselbe Zeichen zu verwenden. Auf das Deutsche übertragen, bedeutet dies, dass für gleichlautende Wörter

unterschiedlicher Bedeutung wie «der Arm» und «arm» oder «der Tau» und «das Tau» dasselbe Wortzeichen verwendet wurde. Das Wortbildzeichen wird somit zum Wortlautzeichen. Da im Ägyptischen zahlreiche Wörter nur aus einem Buchstaben oder einer Silbe bestehen, bildeten sich auch die ersten Lautzeichen. Das ägyptische Bildzeichen für den Mund («r») steht auch als Lautzeichen für den Konsonanten «r» usw. Auf diese Weise und durch Aneinanderreihung mehrerer solcher Symbole konnten auch abstrakte Begriffe und Namen dargestellt werden. So konnte etwa der Namen des ägyptischen Königs Narmer aus den Zeichen für Fisch = nar und Meissel = mer zusammengesetzt werden. Auch die chinesische Schrift besitzt zahlreiche Lautzeichen, deren man sich heute neben den ursprünglichen Pictogrammen bedient, um einen nicht geläufigen, z. B. europäischen Namen zu schreiben.

DEUTZEICHEN, DETERMINATIV

Da die sumerischen Keilschriften und ägyptischen Hieroglyphen voll von Wortbild-, Wortlaut- und Silbenzeichen waren, bediente man sich, um die Vieldeutigkeit dieser Zeichen zu klären, zur genauen Bestimmung der jeweiligen Begriffsgattung der Deutzeichen.

In der Folge entwickelte sich unsere Schrift in erster Linie nach den zur Verfügung stehenden Schreibgeräten und Beschreibstoffen, wie die nachfolgende Graphik zu veranschaulichen versucht.

Schreibwerkzeuge und die entsprechenden Entwicklungsstufen der Schrift im Laufe der Jahrtausende.

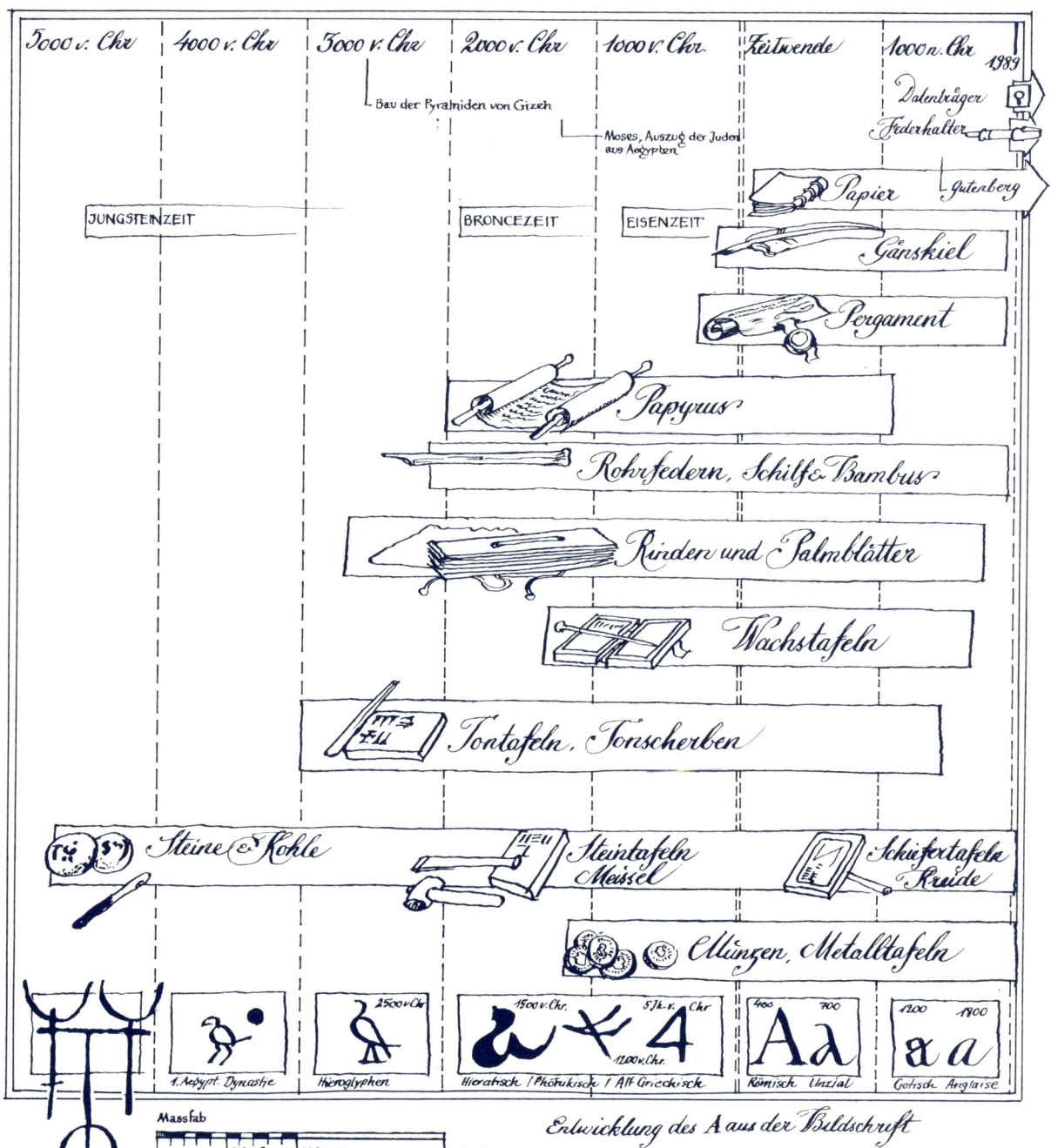

5000 v. Chr. | 4000 v. Chr. | 3000 v. Chr. | 2000 v. Chr. | 1000 v. Chr. | Zeitwende | 1000 n. Chr | 1989

Bau der Pyramiden von Gizeh

Moses, Auszug der Juden aus Aegypten

Datenträger
Federhalter
Gutenberg

Papier

Gänskiel

JUNGSTEINZEIT   BRONCEZEIT   EISENZEIT

Pergament

Papyrus

Rohrfedern, Schilf & Bambus

Rinden und Palmblätter

Wachstafeln

Tontafeln, Tonscherben

Steine & Kohle   Steintafeln Meissel   Schiefertafeln Kreide

Münzen, Metalltafeln

1. Aegypt. Dynastie | Hieroglyphen | Hieratisch / Phönikisch / Alt-Griechisch | Römisch Unzial | Gotisch Anglaise

2500 v. Chr. | 1500 v. Chr. | 5 Jh. v. Chr. | 1200 v. Chr. | 400 | 700 | 1200 | 1800

Massstab
0   500 Jahre 1000 Jahre   2000 Jahre

Entwicklung des A aus der Bildschrift

11

ANGLAISE UND KUPFERSTECHERFRAKTUR

ANGLAISE

Die Anglaise, die englische Schreibschrift, ist für den Kalligraphen sicher nicht die leichteste unter den Schriften der westlichen Hemisphäre. Durch ihre leichte, schwungvolle Form täuscht sie oft darüber hinweg, dass sie fast nur von Kupferstechern in der bestechenden Präzision ihrer Schwünge geschaffen werden konnte.

Dank der Erfindung von hochelastischen Stahlfedern fand sie auch Einlass in die Schreibstuben und -schulen.

In der Folge entwickelte sich die Anglaise, bei der jeder Formfehler sofort sichtbar wird, Ende des 19. Jahrhunderts zur überladenen Schnörkelschrift, die jeglichen Dilettantismus mit Schnörkeln und allerlei Zierwerk zu verdecken suchte. Um dem allmählichen Zerfall der abendländischen Schreibkunst entgegenzuwirken, versuchte man den damaligen Zöglingen eine artige Kanzleischrift mit dem Rohrstock beizubringen.

Die Anglaise lebt von immer in ovaler Form gehaltenen Buchstaben mit dünnen Aufstrichen und dicken, betonten Abstrichen. Sie verlangt beim Schreiben die richtige Federhaltung, die es ermöglicht, dass beim Aufstrich die Feder nicht im Papier hängen bleibt und beim betonten Abstrich nicht einer der sich spreizenden Füsse hüpft und der andere durch zu starke Belastung abbricht. Die Auf- und Abstriche müssen langsam gezogen bzw. gestossen werden; dabei ist darauf zu achten, dass der angewinkelte kleine und der Ringfinger als Verbindung zum Papier die Auflagestärke der Feder feinstmöglich regulieren. Die Feder selbst sollte zwischen Daumen und Mittelfinger geklemmt und durch den etwas zurückversetzt aufliegenden Zeigefinger stabilisiert werden. Der Zeigefinger dient auch dazu, bei dem betonten Abstrich genügend Druck auszuüben, wobei die ganze Feder über die Senke zwischen Daumen und Zeigefinger zurückgestossen wird, ohne die Parallele zum schreibenden Arm zu verlieren.

Es ist ratsam, anfänglich die Schreibübungen ohne allzu hohen Anspruch an Briefen, Tischkärtchen und sonstigen Gebrauchsformen auszuführen. Es braucht zahlreiche Versuche, bis der Schwung eines A sich so eingeprägt und rundgeschliffen hat, dass er annähernd an einen sauber gestochenen Versal A der Kupferstecher herankommt. Ein A in all seinen Variationen, mit grossem oder kleinem Vorschwung, mit mehr oder weniger Neigung lässt uns langsam das Auge schulen für eine ideale Form.

Anleitung zur idealen Federhaltung. Die Feder wird zwischen Daumen I und Mittelfinger III geklemmt und mit dem Zeigefinger II je nach Bedarf bewegt.

Die Federhaltung

Zur optimalen Ausführung von fein differenzierten Schwellzügen

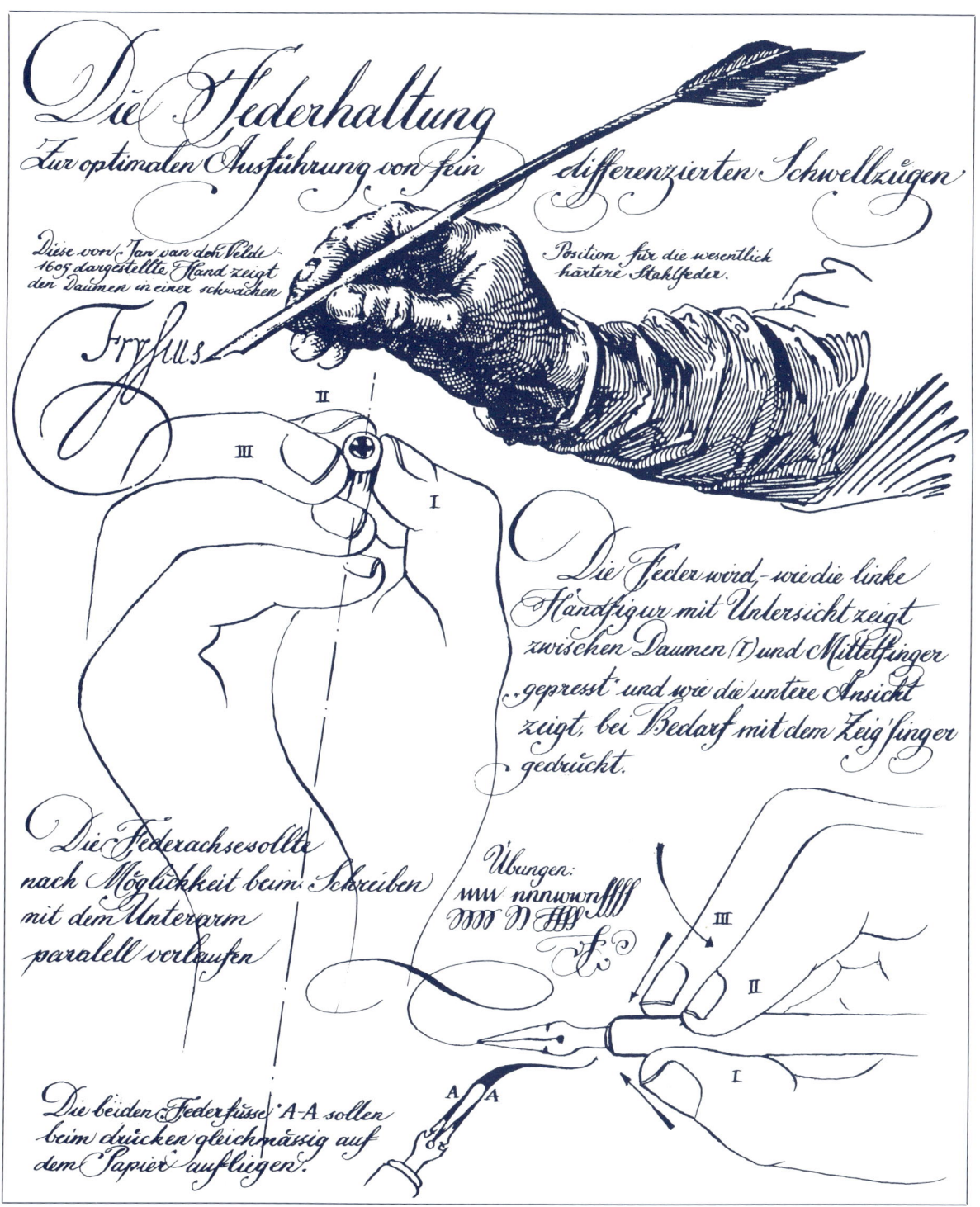

Diese von Jan van den Velde
1605 dargestellte Hand zeigt
den Daumen in einer schwachen

Fryslus

Position für die wesentlich
härtere Stahlfeder.

Die Feder wird, wie die linke
Handfigur mit Untersicht zeigt
zwischen Daumen (I) und Mittelfinger
gepresst und wie die untere Ansicht
zeigt, bei Bedarf mit dem Zeigfinger
gedrückt.

Die Federachse sollte
nach Möglichkeit beim Schreiben
mit dem Unterarm
paralell verlaufen

Übungen:
uuuu nnnuwnffff
mmm vu HHH

Die beiden Federfüsse A-A sollen
beim drücken gleichmässig auf
dem Papier aufliegen.

13

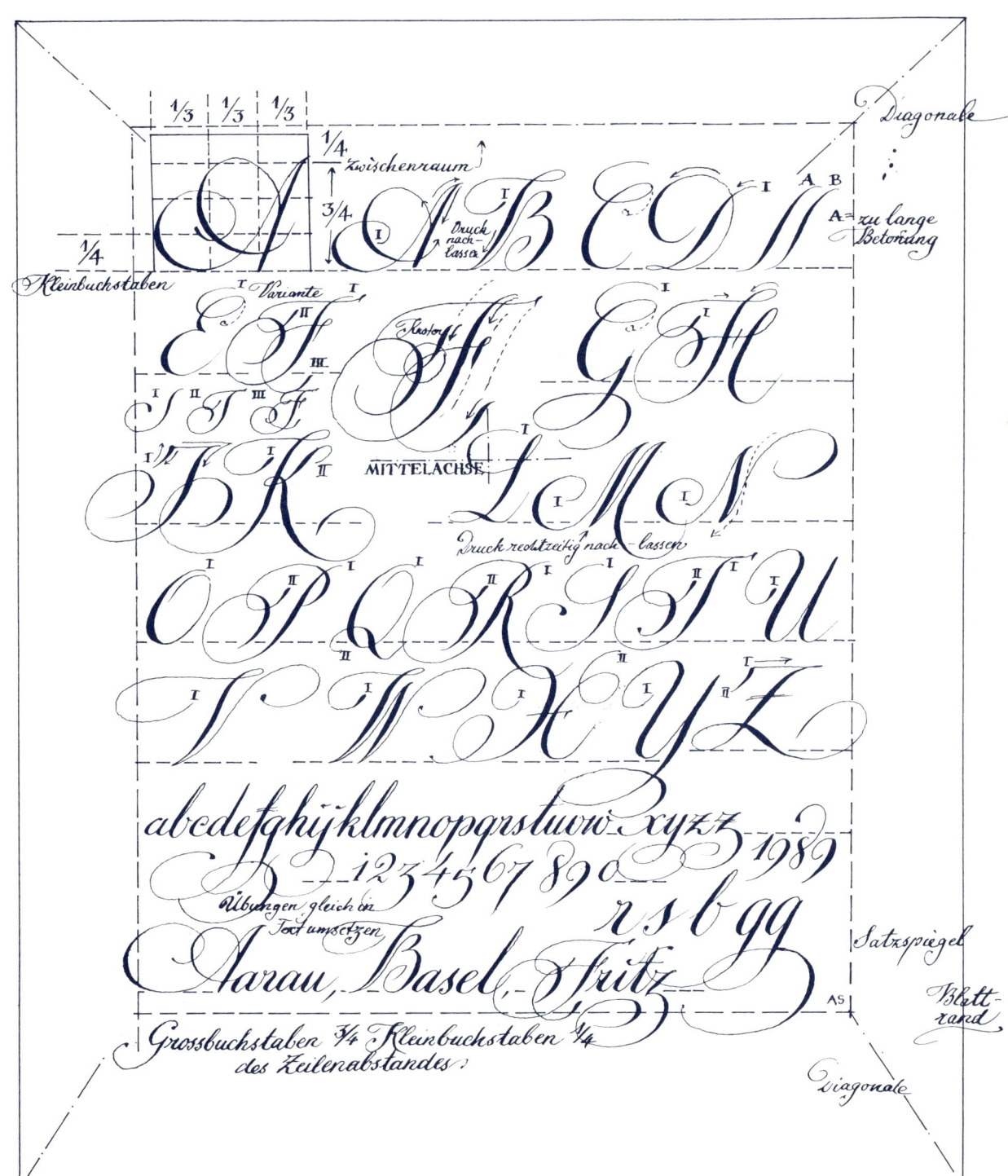

Im Gegensatz zu allen anderen Schriften, die in der Regel mit der Bandzugfeder geschrieben werden, benützt man für die Anglaise die Spitzfeder, was kein leichtes Unterfangen ist. Obwohl diese Schrift sehr reizvoll ist in ihrer anmutigen Art, lässt sie doch jedes Zögern und jeden Fehler unmittelbar sichtbar werden, so dass wir dazu gezwungen sind, diese Technik einem leichten Violinsolo gleich langsam und mit Bedacht auszuführen.

A Einem Schneckenhaus gleich wird das A (siehe Abbildung Seite 14) von der oberen Begrenzungslinie der Kleinbuchstaben unbetont zurückgezogen und mit anfänglicher Betonung in einer feinen S-Kurve zur Oberkante der Grossbuchstaben gestossen, wo nach kurzem Halt der Abstrich zunächst parallel zum Aufstrich, dann in einem Winkel von ca. 70° in gleichmässiger Betonung bis zur Unterlinie gezogen wird. Durch Hochstossen der Feder in dem noch nassen Abstrich bis zur Hälfte der Buchstabenhöhe und anschliessendem Hochbiegen mit gestossener Feder auf die volle Höhe und Herunterziehen auf die Hälfte der Kleinbuchstabenhöhe kann der Anschluss an den nächstfolgenden Kleinbuchstaben hergestellt werden.

B Beim B ist darauf zu achten, dass der Abstrich in einer leichten S-Kurve mit vorzeitigem Nachlassen des Druckes zu erfolgen hat. Beim anschliessenden Aufstrich ist in gleicher Weise zu verfahren, wobei frühzeitig in ein schräg liegendes Oval überzugehen ist, auf das ein zweites folgt.

Das Alphabet der englischen Schreibschrift (Cooperplate). Der jeweilige Beginn des Buchstabens ist mit I, weitere Schwünge mit II und III gekennzeichnet.

C Der obere unbetonte Anfangsschwung kann ausgelassen und durch eine kurze Betonung ersetzt werden (siehe punktierte Linie).

D Der hintere Bogen hat schwungvoll eine ansehnliche Grösse zu erreichen, die sich in eine Schneckenform verjüngt.

E Wie bei C

F Schwung I und II wie beim B, jedoch nicht zusammenhängend. III unter die Grundlinie der Kleinbuchstaben zurückfahren, zuerst parallel mit I, dann I und II kreuzend den Abstrich waagrecht durchfahren und kurz nach einem kleinen unbetonten Salto mit kurzem Druck parallel zum Abstrich I einen nahen Abstrich antönen.

G, H wie C und B

J Zuerst den oberen waagrechten Strich, dann leicht geschwungen den in einer Schnecke endenden Abstrich ausführen und anschliessend den Zipfel mit einem kurzen Abstrich betonen.

Die folgenden Buchstaben, bei denen sich die oben detailliert beschriebenen Formen wiederholen, werden gemäss Vorlage ausgeführt. Es ist jedoch darauf zu achten, dass der Druck beim Abstrich frühzeitig nachgelassen wird, da sonst die Buchstaben allzuleicht plump aussehen.

Zwei nebeneinanderliegende Kleinbuchstaben mit Unterlängen, können leicht zu Verwirrungen führen. Es ist deshalb ratsam, die erste hochzuschwingen und die zweite nach hinten durchgezogen unter dem zweiten Schwung zu beenden.

Im fortlaufenden Text empfiehlt es sich, alle Schwünge so wenig wie möglich zu betonen, da sie vom eigentlichen Text wegführen und das Zierwerk zu sehr hervorheben.

Abraham, Brigitte, Christopher, David,
Erika, François, Georges, Helene, Johannes
Karin, Ludwig, Martina, Noëmi, Oskar
Paul, Quentin, Robin, Sarah, Thomas
Ursula, Viktor, Willy, Xaver, Yolanda, Zoe.

Abermals in neuen
Kreisen
ordnet sich um mich
die Welt
und ich seh mich eitlen
Weisen
als ein Kind
hineingestellt.

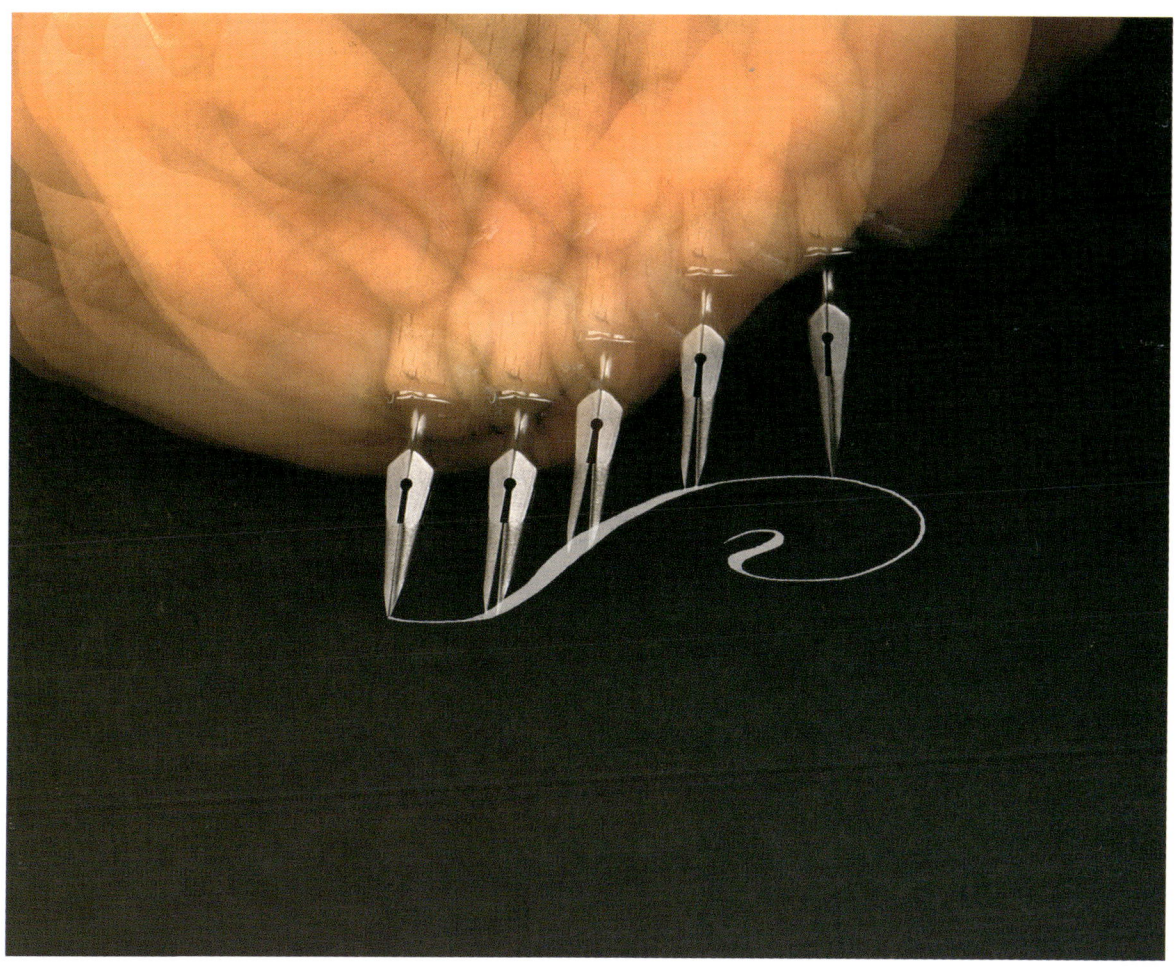

Abb. oben: Bewegungsablauf der Feder. Durch Druck auf die Feder spreizen sich die zwei Federfüsse, wodurch der feine Grundstrich verdickt wird. Es ist darauf zu achten, dass beide Federfüsse mit gleichmässigem Druck belastet werden, da sonst der unbelastete Strichrand ausfranst.
Abb. links: Übungsbeispiele in Anglaise und unten Schriftmuster eines eingemitteten Aphorismus.

SCHREIBEN IN DER MITTELACHSE

Ein eingemitteter Text muss, sofern man ihn nach Augenmass nicht ganz beherrscht, mit dem Bleistift vorgeschrieben werden.

Beim Vorschreiben ist darauf zu achten, dass die Abstände bei der Bleistiftschrift oft nicht die gleichen sind, wie sie bei einer Tintenschrift entstehen. Eine zusätzliche Hilfe kann uns eine mit Schreibmaschine geschriebene Vorlage bieten: Nachdem die erste Zeile von Hand vorgeschrieben wurde, lassen sich aufgrund des Längenverhältnisses zwischen

17

dem handschriftlichen und dem maschinenschriftlichen Text alle weiteren Zeilen gut abschätzen.

SCHNÖRKEL UND ALLERLEI RANDVERZIERUNGEN

Diese Übungen (siehe Abbildung Seite 18) dienen in erster Linie zur Erlangung einer geübten Fingerfertigkeit und sind in Schriftstücken äusserst zurückhaltend anzuwenden.

Mit dem Bleistift bei längeren Telefonaten, mit dem Kugelschreiber beim Warten auf den nächsten Zug lässt sich anhand dieser Beispiele neben dem seriösen Üben mit Tinte und Feder eine Fingerfertigkeit erreichen, die für das Schreiben mit der Spitzfeder nur von Nutzen ist.

Zwar ist es nach dem Erlernen der Anglaise nicht unbedingt leichter, andere Schriften zu erlernen, doch lehrt sie uns ein Flächenbewusstsein, ein Gefühl für Feder, Tinte und Papier und darüber hinaus auch einen differenzierten Umgang mit jeder Schrift, indem Schwungvolles nicht bloss durch einen äusseren als vielmehr durch einen inneren Schwung und Disziplin zu erreichen ist. Jeder Strich sitzt, wo er sitzen muss, und die Ruhe dieser Arbeit erfüllt das ganze Wesen mit einer umfassenden Zufriedenheit, wo Zeit und Raum, für kurze Zeit wie weggewischt, uns nicht mehr kümmern noch belasten.

Grundübungen zur Erlangung der Fingerfertigkeit mit Tinte und Feder. Die dicken Striche werden hierbei immer gezogen, die dünnen gestossen, ohne im Papier hängen zu bleiben.

KUPFERSTECHERFRAKTUR

Im Gegensatz zur Anglaise findet die Fraktur eher Anwendung auf offizielleren Schriftstücken, deren Erscheinungsbild nicht allzu lieblich ausfallen sollte. Für Speisekarten und Liebesbriefe ist sie daher nicht zu empfehlen. Sie eignet sich hingegen für Urkunden und allerlei Text ernsten Inhalts.

Eine Fraktur im klassischen Sinn wird im allgemeinen mit der Bandzugfeder geschrieben, doch sieht man hier beim Schreiben mit der Spitzfeder sehr bald deren Vorzüge. Die barocken Schnörkel können in einem Zug in Verbindung mit den Lettern gezogen werden und müssen nicht nachträglich, gekünstelt angebracht werden.

Bei dieser Schrift ist unbedingt darauf zu achten, dass die Buchstaben in ihrem betonten, statischen Bereich senkrecht, in völliger Gleichmässigkeit geschrieben werden. Die einzelnen Freiräume innerhalb der Buchstaben dürfen in ihrer Grösse nicht zu unterschiedlich ausfallen, da sonst ein unruhiges Schriftbild entsteht. Die Schlaufen ober- und unterhalb der Lettern sollen kaum betont in einer ausgeglichenen waagrechten S-Form liegen. Auf der Tafel Seite 22 sind die Anfangspunkte mittels Pfeilen und der gesamte Ablauf durch Nummern gekennzeichnet.

Eine saubere Linierung verhindert Unregelmässigkeiten in der Höhe der einzelnen Buchstaben, die zur angenehmen Gesamterscheinung eines Wortes einer unbedingt gleichmässigen Erscheinung in Abstand und Schrifthöhe bedürfen.

A B M N P R U V W Y sind Versalien, die nach ähnlichem Grundmuster aufgebaut sind. Der Bogen I wird einem Schneckenhaus gleich von der Hälfte der Buchstabenhöhe zurückgezogen, wobei der Abstrich betont wird.

1/3

1/3

Abb. oben: Beispiel einer Adressbeschriftung.
Abb. unten links: Weinetikette, rechts:
Schriftmuster in Kupfer gestochen. Die präzise
Strichführung stammt vom Stichel und ist mit der
Feder kaum nachvollziehbar.
Abb. rechte Seite: Anleitung mit Variationen für
Endzier und Vignetten.

1.) 2.) 3.) b a | a b 4.)

Bei dieser Übung sollte immer auf den
Abstand ↔ geachtet werden

Der Gordische Knoten als Ausgangspunkt aller Federzierwerke

Schwungübungen

Wobei die Schwünge
sehr langsam gezogen
werden!

Diese Übungen lassen eine Vielzahl von
Möglichkeiten offen

Basileae anno Domini
198
etc.......

21

Der untere Bogen II gleicht einem liegenden S, wobei der Ansatz der zweiten S-Kurve in seiner Betonung abgebrochen wird und unbetont einen Strichbruch erhält.

E F H I J K L sind durch ihren in leichter Schräghaltung langgezogenen S-Strich charakterisiert. Zum Teil erhalten sie am Fuss eine kleine zurückgeworfene Spirale und sind oben durch ein kleines S abgeschlossen.

D verhält sich im Grunde wie A ausser dem Abstrich, der in diesem Fall auf die Grundlinie gezogen wird.

C G O Q T werden durch ein ganzes oder halbes hochstehendes Oval gebildet.

S setzt eine Umgewöhnung voraus, es wird sowohl als Gross- wie als Kleinbuchstabe in einem Zug ausgeführt. Es ist zu beachten, dass die zweite, in der Schreibrichtung liegende Kurve eine genügende Rundung erhält, damit das S an selbständiger Statik gewinnt.

Die Kleinbuchstaben mit Oberlängen werden immer mit diesen begonnen. Sollten einmal zwei oder sogar drei aufeinander folgen, so sind sie wie beim Beispielwort «Zillis» (Abbildung Seite 22) ineinander zu schlingen. Bei zwei aufeinanderfolgenden Kleinbuchstaben mit Unterlänge ist wie bei der Darstellung oberhalb des Wortes «Horw» zu verfahren. Die Fraktur ist besonders reizvoll in ihrem Schreiberlebnis, da sie über einen besonders ausgeprägten Rhythmus verfügt, der unverkennbar an die Barockmusik erinnert und uns auf diese Weise in den Geist dieser Zeit eindringen lässt.

Schriftmuster einer Fraktur, die in der Manier der Kupferstecher mit der Spitzfeder ausgeführt wird. Die Abstriche sind durch Druck auf die Feder betont.

DER SCHREIBER
UND DIE SCHREIBUMGEBUNG

PRAKTISCHES FINGER- UND HANDTURNEN

zur Erlangung und Erhaltung einer schönen, sicheren und geläufigen Handschrift, zur Beseitigung des Schreibkrampfes, des Zitterns und der ungenügenden Fingerfertigkeit beim Schreiben.

GRUNDÜBUNGEN

Beide Hände werden nach vorne gestreckt mit dem Handrücken nach oben.

Fingerspreizen: Alle Finger, einschliesslich des Daumens, werden kräftig seitwärts gespreizt und wieder zusammengezogen.

Handbeugen nach unten: Die Hände werden im Handgelenk im rechten Winkel nach unten gebogen und dann wieder gestreckt. Die Finger sind dabei geschlossen und gestreckt.

Handbeugen nach oben: Wie in der vorangehenden Übung, jedoch im rechten Winkel nach oben ausgeführt.

Faust machen: Die Hände werden kräftig zur Faust geschlossen, wobei der Daumen ausserhalb bleibt, und wieder geöffnet, wobei die Finger fest aneinandergedrückt bleiben.

Fingerbeugen: Nur die zwei äusseren Fingerglieder beugen und strecken.

Flachdrehen der Hände: Unter Beibehaltung der waagrechten Lage werden die Hände zuerst nach rechts und dann nach links gedreht.

Fingerbeugen einzeln: Mit dem Handrücken nach unten wird jeder Finger im Grundgelenk gegen den Handballen eingebogen und wieder gestreckt.

Fingerheben: Hände flach auf den Tisch legen, so dass der Handrücken nach oben zeigt. Alle Finger werden ohne Daumen gehoben und dann wieder gesenkt, ohne den Handballen und den Vorderarm vom Tisch zu heben.

Alle 8 Übungen sollten täglich 1–2mal mit beiden Händen langsam 10–15mal wiederholt werden. Zur Entspannung ist es ratsam, zwischen den einzelnen Übungen eine Pausenübung einzulegen.

PAUSENÜBUNGEN

– Arme senken und Hände in den Gelenken leicht und locker schütteln.
– Hände ineinander legen und trocken die Bewegung des Händewaschens ausführen.
– Langsames, festes Massieren der einzelnen Finger zu den Grundgelenken hin.
– Finger lockern: Mit Daumen und Zeigefinger jeden Finger an der Spitze fassen und in den Gelenken leicht schütteln.

ZUSÄTZLICHE ÜBUNGEN

Einzelnes Fingerspreizen: Zuerst wird der Daumen von der gestreckten Hand weggespreizt, dann Daumen und Zeigefinger, dann Daumen, Zeige- und Mittelfinger usw.

Handkreisen, links und rechts: Die Hände so im Handgelenk kreisen lassen, dass die Fingerspitzen einen Kreis beschreiben, wobei die Handgelenke fest als Mittelpunkt stehen bleiben. Die Finger werden dabei zusammengehalten.

Finger durchbiegen: Die Finger beider Hände mit der Finger-Innenfläche gegeneinander stemmen und leicht nach unten durchbiegen; dabei die Fingergelenke federn lassen.

Spreizfähigkeit der Finger erhöhen: Finger einer Hand aneinander legen und mit der Kleinfingerkante dieser Hand jeweils zwischen zwei gespreizte Finger der anderen Hand drücken.

LINKSHÄNDIGKEIT

Da unsere Schrift ihrem Gesetz nach in erster Linie mit der rechten Hand geschrieben wird, stellen sich für Linkshänder eine ganze Reihe von Problemen. Die Linkshändigkeit wirkt sich nicht nur auf die Auswahl der Schreibmaterialien, sondern auch auf den organischen Ablauf der einzelnen Buchstaben aus.

Kleinkinder benützen, wenn man sie frei gewähren lässt, bei ihren ersten Versuchen mit einem Schreibgerät oft spontan die linke Hand. Zwischen der Entwicklung des Kindes und der ganzen Menschheitsgeschichte lassen sich gewisse Parallelen ziehen: Die ersten Versuche des Kindes, Bildzeichen ohne genau bestimmbaren und erkennbaren Zeichensinn zu schaffen, lassen sich mit den frühesten Pictogrammen der Steinzeitmenschen vergleichen. Am Ende dieser Entwicklungslinie steht unser heutiges Alphabet, das nicht nur eine Kultivierung und Verfeinerung bedeutet,

sondern auch Einschränkung und Normalisierung.

Die Schrift dient letztlich der Vermittlung zwischen unserer inneren Gedankenwelt und der Aussenwelt. Um sich verständlich zu machen, einen Gedanken weiterzugeben, bedarf es neben dem guten Einfall und der treffenden Formulierung zu guter Letzt auch einer lesbaren, deutlichen Schrift, und diese ist nur mit einer gewissen Disziplin und dem Schreiben mit der rechten Hand zu erreichen.

Zwischen dem linkshändigen Gekritzel des Kindes und dem disziplinierten Schönschreiben mit der rechten Hand liegt ein grosser Lernprozess von unzählbaren, bewussten Wiederholungen ein und derselben Handlung, dem geordneten, sinnvollen Aneinanderreihen der 26 Buchstaben unseres vergleichsweise kleinen Alphabets. Das Alphabet schreiben zu lernen, ist daher für jeden Lernenden eine Willensübung.

Um mit den Worten Laotses zu sprechen: *Ist der Weise daheim, dann schätzt er die Linke; braucht er Waffen, dann schätzt er die Rechte. Waffen sind Unglückswerkzeuge. Erfreuliche Handlungen bevorzugen die Linke, schmerzliche Handlungen bevorzugen die Rechte.*

Der Volksmund weist der linken Seite meist eine negative Bedeutung zu, etwa im Ausdruck: «Heute bin ich mit dem linken Bein aufgestanden» oder «Er hat zwei linke Hände». Auch wird die Rückseite (z. B. von Stoffen) als die linke, die Vorderseite als die rechte Seite bezeichnet.

Eine zusätzliche Bedeutung erhält die linke Seite durch die Verbindung mit dem Seelischen, Künstlerischen, Fröhlichen, Magischen und Religiösen, während die rechte Seite dem äusseren Leben, dem Praktischen und Kriegerischen zugeordnet wird.

Der Linkshänder bringt dementsprechend andere Vorzüge und Qualitäten mit ins Leben als der Rechtshänder. Er zeigt im allgemeinen eine stärkere Sensibilität und Empfänglichkeit

für alles Schöne und Harmonische. Michelangelo, Leonardo da Vinci und viele andere schöpferische, phantasiebegabte Linkshänder hatten eher den Sinn für die Kunst als für die praktische Ordnung der Alltagsverhältnisse und kamen daher durch ihren Idealismus öfters in Konflikt mit der nüchternen, sachlichen Welt, in der sie doch durch ihre Werke einen entscheidenden Beitrag leisteten.

Neben den kulturhistorischen und sprachlichen Hinweisen auf die Qualitäten von «rechts» und «links» sind auch die leiblichen Funktionen eine Betrachtung wert. Die nicht paarig ausgebildeten, rechtsgelegenen Organe wie Leber und Galle stehen stärker im Dienste der Bewältigung des von aussen Kommenden und sind der bewussten Kontrolle entzogen. Die Stoffwechselvorgänge laufen unter der Bewusstseinschwelle ab, Erkrankungen dieser Organe sind selten schmerzhaft. Die linksseitigen Organe hingegen, das Herz und die Milz sind mehr dem Innern des Organismus zugewandt und ragen in ihrer

Tätigkeit stärker in das bewusste Seelenleben hinein. Freude und Angst lassen das Herz stocken oder bis zum Halse klopfen.

So gesehen würde es den Gegebenheiten unseres Organismus entsprechen, dass eine so umweltbezogene und hochgradig automatisierte Tätigkeit wie die des Schreibens mit der rechten Hand geschieht. Das komplizierte Fingerspiel der linken Hand beim Greifen der Töne auf dem Cello oder der Geige entspricht hingegen den der linken Seite zugewiesenen Qualitäten des Künstlerischen und Seelischen.

Beim Umlernen des Linkshänders von der linken auf die rechte Hand wird die eher schöpferische linke Seite von der mechanischen Arbeit des Schreibens entlastet. Darüber hinaus sprechen noch rein praktische, durch die Schrift bedingte Gründe für ein rechtshändiges Schreiben.

Linkshänder werden, insbesondere bei der Anfertigung von Zierschriften, durch den rechtsorientierten Buchstabenlauf immer wieder mit dem ärgerlichen Verwischen von Buchstaben Probleme haben, da sich über der frischen Tinte nur mit erheblicher Handakrobatik stossend schreiben lässt. Das Umlernen ist für einen Linkshänder nur dann problematisch, wenn er mit sich selbst uneinig ist, was für ihn zum Schreiben die bessere Hand ist, und wenn er dem Weg zum Erfolg zu wenig Zeit einräumt.

Bei der Umschulung eines Kindes sollte darauf geachtet werden, dass Eltern und Lehrer gleicher Meinung sind und das Kind zuversichtlich ermutigt wird, eines Tages eine viel grössere Freiheit geniessen zu können, indem es wohl links Zeichnen, Malen und allerlei Handwerk ausüben kann, doch die Tätigkeit des Schreibens mit der rechten Hand beherrschen soll. Dabei ist es nicht sinnvoll, dem Kind eine materielle Belohnung zu versprechen, da dies der Willenserziehung, die beim Schönschreiben eine ausserordentlich wichtige Rolle spielt, Abbruch tut und leicht zu einer Abhängigkeit von äusseren Freuden statt der Freude am eigenen Tun führt.

Das Üben in einem eigens dazu hergerichteten Buch oder Heft mit gut beschreibbarem Papier erlaubt, die oft nur kleinen Fortschritte jeweils nachzuschlagen. Eine Sammlung von Gedichten und Sprüchen, durchmischt mit Zeichnungen und Aquarellen, gibt der Tätigkeit einen erbauenden Sinn.

Um nicht in die Linkshändigkeit zurückzufallen, ist es manchmal von Vorteil, die linke Hand zu beschäftigen, indem sie beispielsweise ein Tintenfass hält und so auch in die Tätigkeit des Schreibens mit einbezogen ist.

Nicht nur wird durch das Umlernen das beim Linkshänder schon von Natur aus starke Bedürfnis nach Harmonie und Schönheit anfänglich empfindlich gestört. Es können auch seelische Spannungen und nervöse Störungen auftreten, wobei das Umlernen jedoch nicht unbedingt die direkte Ursache sein muss, sondern nur der Auslöser für Schwierigkeiten ganz anderer Natur (wie Angst, Probleme der Einschulung usw.) sein kann.

Der angeborene Wunsch nach schöner Arbeit, das Bedürfnis nach einer gepflegten Handschrift stärkt den Willen jedoch durch das Erlebnis der eigenen Leistungen, insbesondere dann, wenn sie mit ausgewählten Materialien – einer schönen Feder, einem erlesenen Papier und einer guten Tinte – erarbeitet wurden.

Nicht das Ziel ist das Wesentliche, sondern der Weg. Und besonders ein langer Weg lässt sich mit gutem Schuhwerk besser geniessen, da es unwesentlich ist, wann wir das Ziel erreichen.

DAS SCHREIBPULT

Schon im Mittelalter benutzen die Schreiber ein Pult mit schräggestellter Schreibfläche. Dies hat verschiedene Vorteile:

- Zunächst ist die Übersicht über den zu schreibenden Text besser.
- Auch fliesst die Tinte nicht zu rasch aus der Feder. Beim Schreiben mit dem Gänsekiel ist dieser Vorteil noch weiter auszunützen, indem man das Pult in einen Winkel von ca. 60° bringt; für sonstige Arbeiten mit der Stahlfeder genügen ca. 40°. Ideal ist in der Regel der Winkel, in dem ein Blatt Papier gerade noch hält.
- Darüber hinaus ist das Arbeiten über längere Zeit an einem schrägen Pult für den Körper bedeutend weniger mühsam als auf der waagrechten Tischfläche.

Eigentlich genügt schon ein unterlegtes Reissbrett als Schreibpult, doch sind Schreibunterlagen aus hartem Holz dank ihrer Maserung wesentlich dienlicher. Die Grösse sollte dabei so gewählt werden, dass die angewinkelten Ellbogen mühelos darauf Platz haben und ein Blatt Papier in der Grösse A3, schräg gelegt, nicht über den oberen und unteren Rand hinausragt. Der untere Rand sollte mit Vorteil rund geschliffen oder gehobelt sein, damit grössere Formate nicht beim Überragen des Pultes und bei Berührung mit dem Körper geknickt werden. Das Holz sollte nicht lackiert, sondern nur mit Leinöl behandelt sein. Zusätzlich ist es von Vorteil, wenn sich die Tintengeschirre und Federn auf einer oben angebrachten Ablage plazieren lassen (siehe obenstehende Abbildung).

Als Schreibunterlage zwischen Holz und Papier tut ein vegetabil gegerbtes Kalbsleder gute Dienste. Es ist geschmeidig, nicht zu dick, haftet gut auf dem Holz und drückt dank

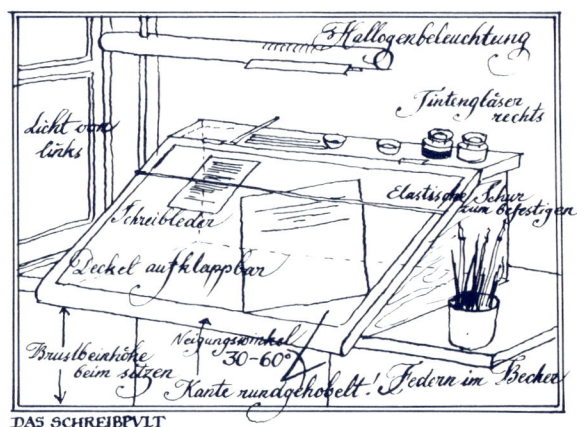

DAS SCHREIBPULT

seiner glatten Oberfläche nicht durch das Papier. Chromgegerbte Leder sind nicht zu empfehlen, da durch den natürlichen Handschweiss Rückstände aufgenommen werden können, die eventuell zu Hautentzündungen führen.

Das Pult sollte von der linken oberen Seite durch Tageslicht oder eine entsprechend gute Lichtquelle (Halogen) genügend beleuchtet werden, um einer Überanstrengung der Augen vorzubeugen. Die Sitzhöhe des Stuhls sollte so sein, dass das Brustbein beim Hinsetzen knapp die untere Tischkante berührt.

Das Papier kann mittels einer elastischen Schnur befestigt werden, bei Pergament ist das Aufspannen mit breitem Klebband auf Karton von Vorteil, da die Arbeit so immer wieder verschoben werden kann.

Abb. oben: Beispiel eines Schreibpultes, das auf einen bestehenden Arbeitstisch gestellt wird.
Abb. rechts: Die wichtigsten Schreibwerkzeuge.

Materialien
und
Werkzeuge

BESCHREIBSTOFFE

PAPYRUS

Es wird angenommen, dass Papyrus seit über 5000 Jahren im Alten Ägypten aus der an den seichten Ufern des Nildeltas wachsenden Papyrusstaude, einer Art Schilfgras, hergestellt wurde.

Der unten armdicke, blattlose, fast dreikantige Stengel der bis zu 3 m hohen Papyrusstaude wird in Stücke von 15 bis 40 cm geschnitten und der Bast abgezogen. Das Mark wird mit einem Messer oder einer Nadel in möglichst dünnen Streifen aus dem Stengel gelöst. Diese Streifen werden so aneinander gelegt, dass sie sich knapp überlappen, und anschliessend durch eine zweite Schicht im rechten Winkel dazu in gleicher Weise gedeckt. Dieses Kreuzgeflecht wird geklopft und gepresst und anschliessend an der Sonne getrocknet. Nach dem Trocknen wird die Oberfläche mit einem Polierstein oder einem Knochen glattgerieben. Der beim Klopfen und Pressen aus dem Mark hervortretende klebrige Saft der Staude verbindet die Schichten von selbst. Beschrieben wurde Papyrus auf der Seite mit den horizontal liegenden Fasern. Papyrus ist luftfeuchtigkeitsempfindlich, kleinste Spuren von Kondenswasser (hinter Glas) können schon den Abbau fördern. Papyrus war bis zum frühen Mittelalter der wichtigste Schriftträger im römischen Reich; er wurde aus Ägypten, Syrien und Me-

Kreuzweise übereinandergelegte Papyrusstreifen vor dem Klopfen und Pressen.

sopotamien importiert. Heute finden wir Papyrus vereinzelt im Fachhandel in sehr unterschiedlichen Qualitäten. In Kairo ist Papyrus in schöner Färbung und ausgezeichneter Qualität erhältlich.

Papyrus lässt sich nur sehr mühsam mit der Stahlfeder beschreiben, da aufgrund der stark gerippten Oberfläche die Feder mit erheblichem Druck geführt werden muss. Wird eine allzuweiche Unterlage verwendet, bricht man leicht mit der Feder durch das Material.

Das richtige Werkzeug zum Beschreiben von Papyrus ist die Schilfrohrfeder und der geschmeidige Gänsekiel. Auch mit dem Pinsel lässt sich vorzüglich auf Papyrus malen. Papyrus verhindert durch seine starke Eigenleimung das Ausfliessen von Tinten und Tuschen, wodurch sich ähnlich feine Arbeiten wie auf Pergament herstellen lassen.

PERGAMENT

Im Hinblick auf unsere heutigen Umweltbedingungen ist das Pergament als der ideale Beschreib- und Bemalstoff anzusehen. Seine alkalische Reserve, die durch die Äscherung während der Produktion entsteht, beugt den Einflüssen von Säure und dem CO_2-Gehalt der Luft wirksam vor.

Allerdings ist Pergament hygroskopisch (feuchtigkeitsempfindlich) und neigt deshalb zur Wellenbildung. Pergament sollte niemals flächig mit Wasser in Berührung kommen und keiner grossen Hitze ausgesetzt werden. Zu trockene Luft unter 40% Luftfeuchtigkeit bewirkt ein Verhornen des Pergamentes. Die ideale Feuchtigkeit liegt bei 60%. Dies spielt vor allem dann eine grosse Rolle, wenn ein im Schatten aufgezogenes Pergament der direkten Sonne ausgesetzt wird.

Pergament, aus tierischer Haut hergestellt, unterscheidet sich vom Papier durch seinen verleimten Faseraufbau, vom Leder durch seine Zubereitung ohne Gerbung.

Die wichtigsten Arbeitsvorgänge bei der Herstellung von Pergament sind das Enthaaren der Felle, das Äschern in gelöschtem Kalk (Kalkmilch) zur Verseifung des Naturfettgehaltes, das Aufspannen und anschliessende Schaben der Haut. Durch Einreiben des Pergamentes mit Bimsstein und Kreide entsteht

Der Permennter.

Ich kauff Schaffell/Böck/vñ die Geiß/
Die Fell leg ich denn in die beyß/
Darnach firm ich sie sauber rein/
Spann auff die Ram jeds Fell allein/
Schabs darnach/mach Permennt darauß/
Mit grosser arbeit in mein Hauß/
Auß ohrn vnd klauwen seud ich Leim/
Das alles verkauff ich daheim.

eine samtige, glatte Oberfläche, was die Bearbeitung mit Kielfedern erleichtert. Wird die Oberfläche zusätzlich geglättet, sind auch äusserst feine Arbeiten mit der Stahlfeder möglich. Pergament wurde schon in frühester Zeit in Asien zu Schreibzwecken verwendet.

Aufgrund des Exportverbotes für Papyrus aus Ägypten, das dafür sozusagen das Monopol besass, befal Eumenes II. im 2. Jahrhundert v. Chr. seinen Gelehrten am Hof zu Pergamon (heutige Türkei), Ersatzmöglichkeiten für den damals allerorts gebräuchlichen Papyrus zu schaffen. Das Pergament wurde zuerst wie der Papyrus in Rollenform verwendet und ab dem 4. Jh. n. Chr. geheftet und in Buchform zwischen Buchenholzdeckel gebunden – dies ist die Form des Codex.

In der Codexherstellung wurde Pergament vom 13. Jh. an weitgehend durch das Papier verdrängt und fand in späteren Jahrhunderten nur noch Verwendung für Urkunden und wichtige Dokumente. Auch werden noch heute Trommeln mit Pergament bespannt und Prothesen damit überzogen. Heute beschäftigen sich wieder vielerorts Gerber, Studenten und interessierte Laien mit der Herstellung von beschreibbarem Pergament. Die Preise schwanken je nach Herstellungsort und Produzent beachtlich. Im Handel angeboten wird Pergament in Quadratfuss (30×30 cm) oder in Quadratdezimetern. Erhältlich sind Ziegen-, Schafs- und Kalbspergamente in unterschiedlichen Qualitäten und Oberflächenbehandlungen.

ZIEGENPERGAMENT

Dieses Pergament eignet sich von seiner Grösse und schönen Oberflächenstruktur her ausgezeichnet zur Herstellung von Urkunden, Stammbäumen, Haussprüchen usw. Es ist ohne spezielle Behandlung nur auf der Hautseite (Rekto) beschreibbar. Ziegenpergament besitzt mit Ausnahme der Rückenwirbelpartie eine glatte Oberfläche und weist meist ein lebhaftes Erscheinungsbild mit unterschiedlichen Farbnuancen zwischen Elfenbeinweiss und Ocker auf.

SCHAFSPERGAMENT

Diese Art Pergament ist zum Beschreiben nicht besonders geeignet, da es bei der Arbeit mit Tinte auf der Fleischseite (Verso) und bei verletzter Oberseite (Rekto) gerne zum Ausfliessen kommt. Dieses Pergament eignet sich vorzüglich zum Einbinden von Büchern und sollte nur mit Tuschen beschrieben werden. Im Handel ist es meist mit weiss gebleichter Oberfläche erhältlich, ansonsten neigt sein Farbton leicht ins Gelbliche.

KALBSPERGAMENT

Dieses wohl am häufigsten verwendete Pergament erlaubt eine ausgezeichnete Oberflächenbehandlung. Es ist sowohl auf der Verso- wie Rektoseite beschreibbar. Für die Buchherstellung werden fein geschabte Pergamente oder solche von Jungtieren verwendet. Kalbspergamente sind gefleckt oder gleichmässig weiss erhältlich. Die Konsistenz der Haut ist von allen Pergamenten die dichteste, weshalb sie sich durch eine besonders hohe Widerstandsfähigkeit auszeichnet.

HÄUTE VERENDETER TIERE

Im Gegensatz zu den gleichmässigen Häuten normal geschlachteter Tiere sind auf der Oberfläche der Häute von Tieren, die nach dem Verenden nicht unmittelbar ausgeblutet haben, mehr oder minder stark die Strukturen der kleineren und grösseren Blutgefässe (Adern) sichtbar.

Dies kann im Zusammenspiel mit dem geschriebenen Text zu einem interessanten Erscheinungsbild führen. Die Färbung kann von Elfenbeinweiss bis Olivgrün reichen. Doch

*Pergamentherstellung im 18. Jahrhundert nach
Denis Diderot.*

sind diese Pergamente wie die im Folgenden
beschriebenen schwer zu bekommen und
müssen allenfalls speziell bestellt werden, da
solche Tiere im normalen Schlachtbetrieb
nicht anfallen.

JUNGFERNPERGAMENTE

Die Häute von ungeborenen Jungtieren geben ein besonders zartes, aber auch weniger
stabiles Pergament ab. Diese Pergamente, vor
allem von Kälbern, sind bestechend schön,
doch da sie nur selten bei Notschlachtungen

anfallen und in erster Linie zu feinsten Hand-
schuhen verarbeit werden, sind sie sehr selten
und im Preis entsprechend hoch. Zur Oster-
zeit jedoch fallen allerorts Häute von sehr
kleinen Osterlämmern und Zicklein an und
sind bei entsprechender Voranmeldung leicht
erhältlich. Durch einfaches Salzen der frischen
Häute können diese bis zur Pergamentverar-
beitung haltbar gemacht werden.

ANDERE PERGAMENTE

Es lassen sich praktisch aus allen Tierhäuten
Pergamente herstellen. Schweinehäute sind
sehr dick und schwer bearbeitbar. Auch von
Gazellen, allerlei Arten von Wild und von
anderen Haustieren lassen sich Pergamente
herstellen.

PERGAMENTZUBEREITUNG

Um das Pergament beschreibbar zu machen, behandelt man es, um eine *glatte* Oberfläche zu erhalten, mit Baumwolle, um eine *rauhe* zu erhalten, mit Bimsstein.

Glätten des Pergamentes

Reine Baumwolle, die man zuweilen als Trockenstaude zu Dekorationszwecken in Blumengeschäften bekommt, eignet sich zu

Pergamenturkunde von 1417. Eisengallustinte auf Kalbspergament.

34

diesem Zweck vorzüglich. Mit einer Handvoll der watteartigen Samenbüschel wird die Pergamentoberfläche solange abgerieben, bis die Baumwolle nicht mehr darauf haften bleibt. Hängengebliebene Fasern und Staub wischt man mit einem scharfen Bürstchen aus Schweinsborsten weg, wie es in Architekturbüros zum Reinigen der Pläne verwendet wird.

Aufrauhen des Pergamentes

Mit weissem Bimsstein, den man in jeder Drogerie zur Entfernung von Hornhaut bekommt, werden die Pergamentseiten rauh gerieben. Bimssteinpulver, welches früher zum Zähneputzen verwendet wurde, eignet sich ebensogut. Dabei wird etwas Pulver auf das Pergament gestreut und dann mit Hilfe eines glatten, handlichen Flusssteines das Bimssteinpulver so lange auf dem ganzen Pergament verrieben, bis die Oberfläche gleichmässig samtweich ist.

Beide Arbeitsvorgänge stauben ein wenig, deshalb ist es von Vorteil, sie an einem leicht zu reinigenden Ort vorzunehmen. Der verbleibende Staub wird mit einer einfachen Rute (Haselrute) vom Pergament geklopft. Auf einem in dieser Weise zubereiteten Pergament lässt sich gut mit dem Gänsekiel schreiben, nicht aber mit der Stahlfeder.

Ausfliessen der Tinte auf dem Pergament

Wenn die Tinte auf dem Pergament ausfliesst, hilft eine Behandlung mit Eierschalen. Dazu werden Eierschalen gut gewaschen und getrocknet und anschliessend in einem Mörser zerstossen oder zerrieben, bis sie so fein wie Mehl sind. Mit einem wollenen Lappen wird damit das Pergament bestrichen und so beschreibbar gemacht.

PAPIER

Dem chinesischen Ackerbauminister Tsai Lun aus Hunan soll es während der Zeit der Han Dynastie um 105 v. Chr. gelungen sein, das erste beschreibbare Papier herzustellen. Während Jahrhunderten konnten die Chinesen das Geheimnis der Papierherstellung hüten, bis sie um 600 n. Chr. in Korea, um 700 n. Chr. in Japan Einzug hielt, und schliesslich 751 n. Chr. im Krieg gegen die Araber im damals persischen Samarkand chinesische Papiermacher in arabische Gefangenschaft gerieten. Die erste arabische Papiermühle wurde 794 n. Chr. in Bagdad betrieben. Es folgten Damaskus, Nordafrika und schliesslich um 1150 San Felipe im damals maurischen Südspanien. In einer entscheidenden Schlacht der Spanier gegen die Mauren bei Valencia wurde der Grundstein für die abendländische Papiermacherkunst gelegt. Damit verloren die Araber auch ein seit dem Rückgang des Papyrus wichtiges Exportgut. Weitere Stationen der Verbreitung der Papierherstellung im Abendland waren:

1190 Fabriano in Italien
1326 Richard de Bas in Südfrankreich
1390 Nürnberg in Deutschland
1411 Marly in der Schweiz

HERSTELLUNG VON HANDGESCHÖPFTEM PAPIER, BÜTTENPAPIER

Als Rohstoff wurden vor der Industrialisierung der Papierherstellung ausschliesslich Leinen- und später auch Baumwollumpen verwendet.

Diese werden klein zerrissen, im sogenannten Faulkeller unter Einwirkung hoher Luftfeuchtigkeit so lange belassen, bis sie leicht zerfetzbar sind, und werden darauf unter Zugabe von Wasser in den Stampftrog der Papiermühle gegeben. Das meist an ein Wasserrad angeschlossene Stampfwerk mit seinen Trögen stampft nun diese Masse durch Quetschen der Fasern in mehreren Tagen zu einem Brei, der bei entsprechender Länge der Fasern in einen Bottich, auch Bütte genannt, von ca. 1000 Litern Fassungsvermögen gegeben wird. Die Fasern werden in ihrer Länge auf die Dichte des Siebes abgestimmt, was sich wieder auf die Feinheit des Papiers auswirkt. Das Verhältnis Wasser – Papierstoff ist für die Dicke des zu schöpfenden Papiers ausschlaggebend.

Das Schöpfsieb besteht – in seiner in der westlichen Welt gebräuchlichen Form – aus einem unteren mit einem Sieb bespannten Rahmen und einem darübergelegten zweiten Rahmen, der durch eine Nut versehen fest auf dem Sieb aufliegt. Das Schöpfsieb wird in den mit Brei und Wasser gefüllten Bottich getaucht und hochgehoben. Beim Herausheben aus der Bütte entsteht ein Sog, ein Vakuum, durch den der Faserbrei fest auf dem Sieb angesaugt wird. Dabei muss das Sieb möglichst waagrecht gehalten und, sobald der deckende Rahmen über der Oberfläche sichtbar wird, sorgfältig in schneller Bewegung von vorne nach hinten und von links nach rechts gerüttelt werden. Der obere Rahmen hält dabei den Faserbrei auf dem Sieb zurück; er bestimmt auch die Abmessungen des Papiers.

Bei diesem wichtigen Vorgang der Papiermacherkunst entscheidet sich die Gleichmässigkeit, die Festigkeit und die Dicke des geschöpften Papiers.

Nun wird das Sieb samt Rahmen auf ein eigens dazu bestimmtes Abtropfbrett am Rand der Bütte gelegt, damit das Restwasser noch etwas abtropft. Danach wird der deckende Rahmen so abgenommen, dass kein Tropfen auf den Papierfaserteppich auf der Sieboberfläche fällt. Anschliessend wird das Sieb mit dem «Papier» nach unten durch festen Druck auf die bereitgelegten Wolldecken (Gautschdecken) gestürzt. Damit sich das Pa-

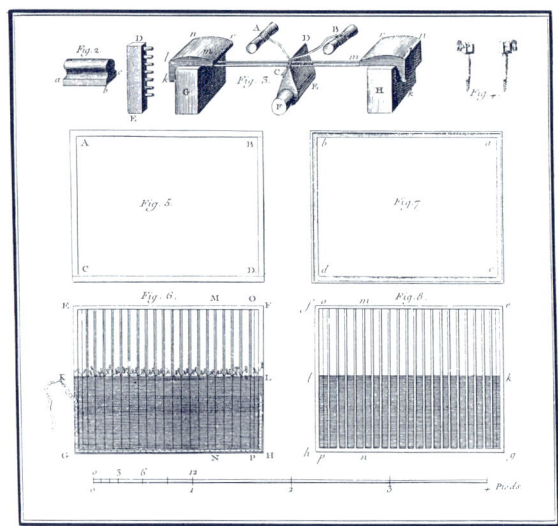

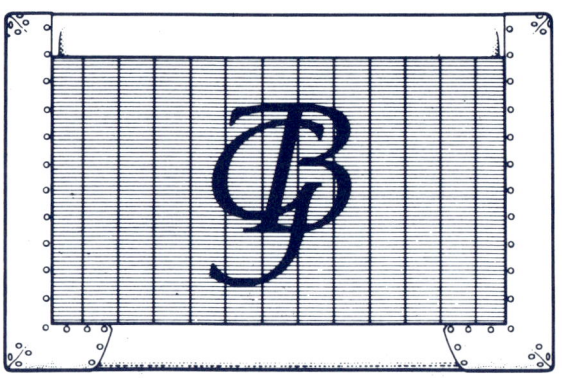

Abb. oben: Herstellung des Schöpfsiebes nach Diderot.
Abb. unten: Schöpfsieb mit Wasserzeichen.
Abb. rechte Seite: Ansicht einer Papierschöpferei nach Diderot.

pier problemlos vom Sieb löst, müssen die Wolldecken gut angefeuchtet sein und der Druck an den einander diagonal gegenüberliegenden Ecken kräftig ausgeübt werden. Zu neue Gautschdecken hinterlassen bei diesem Arbeitsgang oft Wollfasern im Papier, alte, gebrauchte Decken sind daher vorzuziehen. Auch beim anschliessenden Reinigen der Decken mit einer Bürste werden oft Haare aus dem Gewebe gelöst, die sich dann im geschöpften Papier wiederfinden und das Schreiben erschweren, wenn nicht verunmöglichen.

Papier, Decken, Papier werden lagenweise aufeinandergestapelt, bis sie in einer gut pressbaren Anzahl in die Stockpresse gebracht werden, wo unter kräftigem Druck (2–3 Ton-

nen) noch soviel Wasser herausgepresst wird, dass die einzelnen Blätter genügend Festigkeit aufweisen, um sorgfältig an einer Doppelleine zum Trocknen aufgehängt werden zu können. Nach dem Trocknen, was möglichst langsam bei hoher Luftfeuchtigkeit geschehen sollte, werden Papiere, die zum Beschreiben gedacht sind, durch ein warmes Leimbad gezogen, anschliessend nach erneutem Trocknen nochmals gepresst, zwischen Holzbretter gelegt und beschwert während längerer Zeit gelagert. Es hat sich erwiesen, dass die Lagerung beim Papier eine oft unterschätzte Rolle spielt. Je länger die Papiere gelagert werden, desto besser lassen sie sich auch beschreiben.

Beim Einkauf von Papieren ist auf Folgendes zu achten:

Haare und Fasern an der Oberfläche des Papiers machen das Schreiben sehr mühsam, da sie die Buchstaben ausfüllen, dicke Striche statt dünne bewirken und immer wieder die Feder verstopfen.

Ein Papier kann auf allfällige Haare geprüft werden, indem man es leicht rollt, die gebogene Kante des gerollten Papiers gegen eine starke Lichtquelle hält und nun die aufstehenden Fasern erkennen kann.

Schlecht geleimtes, für den Buchdrucker ein willkommenes, für den Schreibenden ein unmögliches Papier ist oft schwer erkennbar. Im Geschäft besteht kaum die Möglichkeit das Papier mit Tinte und Feder zu prüfen, ohne dass wir das allenfalls ausfliessende Papier gleich kaufen müssen, und die nötigen Angaben über die Leimung kann in der Regel nur der Hersteller machen.

Gut geleimtes Papier lässt sich meistens nur an seinem akustisch hohen Ton beim Bewegen des Papierbogens erkennen, wie vergleichsweise beim Banknotenpapier. Schlecht geleimtes Papier, das zum Beispiel für Aquarellmalerei vorzüglich sein kann, geht im Geräusch schon eher in Richtung eines Fliesspapiers.

Neben der manuellen und optischen Prüfung der Papierqualität bleibt uns dank der spröden Eigenschaft des Leims – ganz wie dem Bankbeamten – als zuverlässigstes Mittel, ohne das Papier zu beschädigen, eigentlich nur die akustische Prüfung.

KÜNSTLICHES ALTERUNGSVERFAHREN

Um Aufschluss über die Alterungsbeständigkeit von Papier, Tinte und Farbe zu bekommen, kann man sich einer einfachen künstlichen Alterungsmethode bedienen. Dies ist bei

der Auswahl von Werkstoffen oft sehr empfehlenswert und ist am besten mit verschiedenen kleinen Mustern auf einmal durchzuführen.

Man legt das Papier bei 23 °C und 50 % Luftfeuchtigkeit in einen auf 100 °C erhitzten Ofen. Dabei gilt folgende Faustregel:

1 Stunde Ofenalterung = 4 Monate natürliche Alterung,
3 Tage Ofenalterung = 25 Jahre natürliche Alterung.

Diese Methode kann uns brauchbare Anhaltspunkte liefern, da sie uns die ungefähre zeitbedingte Veränderung des Materials zeigt.

SCHUTZFILME ÜBER FARBEN

Anstriche zum Schützen von Malereien auf Pergament und Papier:
150 g Methylcellulose
1000 g Wasser
1 Teil fester Gummi arabicum, gelöst in 2 Teilen Wasser
70 g Gelatine
unverdünntes, geschlagenes, gesiebtes Eiklar.

Kalligraphie

Schreiben mit allen Materialien

Reizvolle Effekte, die nicht immer erwünscht sind.

«NACHLEIMUNG»
VON SAUGENDEM PAPIER

Das Papier wird mit der Rückseite nach oben mit Abdeckband auf eine Tischlerplatte geklebt und mit einer Lösung von 1 Teil Zabonlack und 2 Teilen Aceton bestrichen. Sollte sich die Vorderseite nach dieser Behandlung immer noch nicht beschreiben lassen, kann der Zabonlackanteil erhöht werden.

FORMATE

DAS NORMFORMAT ODER DIN-FORMAT

Bei Druckvorlagen bzw. bei den Entwürfen dazu, sollte man die DIN-Normierung nach Möglichkeit berücksichtigen.

Die Normformate finden vor allem bei Geschäftsdrucksachen, Prospekten und Plakaten Anwendung, da die meisten Originalformate der zu bedruckenden Papiere auf diese Normformate zugeschnitten sind.

Die gebräuchlichsten DIN-A-Formate in cm

A 0	84,1 × 118,9
A 1	59,4 × 84,1
A 2	42 × 59,4
A 3	29,7 × 42
A 4	21 × 29,7
A 5	14,8 × 21
A 6	10,5 × 14,8

DIN-B-Formate

B 0	100,0 × 141,4
B 1	70,7 × 100
B 2	50 × 70,7
B 3	35,3 × 50
B 4	25 × 35,3
B 5	17,6 × 25
B 6	12,5 × 17,6

DIN-C-Formate

C 0	91,7 × 129,7
C 1	64,8 × 91,7
C 2	45,8 × 64,8
C 3	32,4 × 45,8
C 4	22,9 × 32,4
C 5	16,2 × 22,9
C 6	11,4 × 16,2

DER GOLDENE SCHNITT

Die Normformate entsprechen nur ungenügend unserem ästhetischen Empfinden.

Möglichst klare und ausgewogene Seitenverhältnisse lassen sich nach dem Gesetz des Goldenen Schnitts berechnen. Als Faustregel, um nicht lange rechnen zu müssen, kann die folgende Zahlenreihe gelten: 1, 2, 3, 5, 8, 13, 21, 34, 55, 89 usw. Die erste Zahl steht zur zweiten im gleichen Verhältnis wie die zweite zur dritten.

Ein nach dieser Grundregel bestimmtes Idealformat wäre also zum Beispiel 21 × 34 cm, was dem Goldenen Schnitt entspricht.

Anleitung zur Ermittlung des Goldenen Schnittes. Das Verhältnis der kürzeren zur längeren Strecke beträgt 1:1,681.

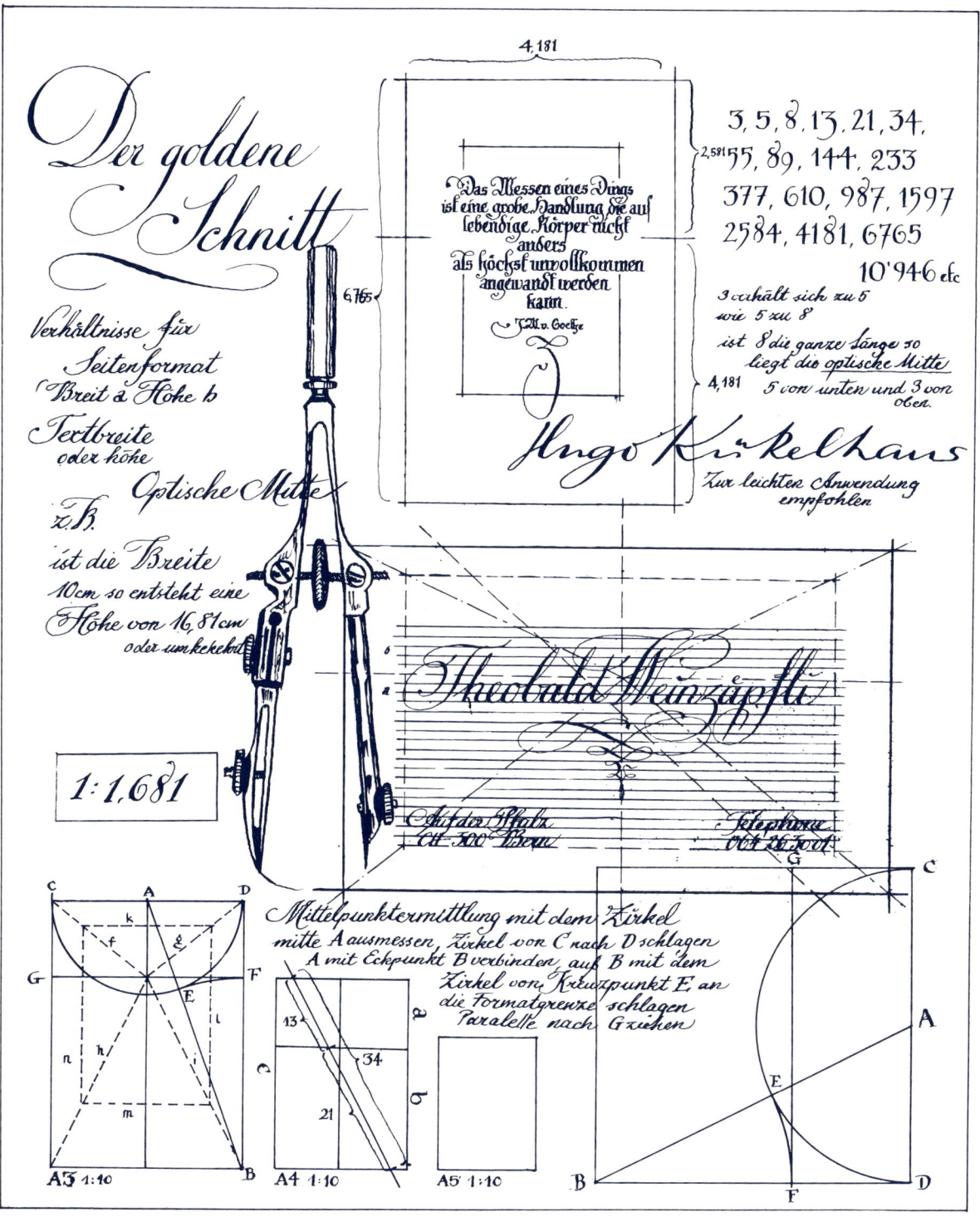

Der goldene Schnitt

Verhältnisse für
Seitenformat
Breit a Höhe b

Textbreite
oder höhe

Optische Mitte

z.B.

ist die Breite
10cm so entsteht eine
Höhe von 16,81cm
oder umkekehrt

1 : 1,681

4,181

2,591

6,765

Das Messen eines Dings
ist eine grobe Handlung die auf
lebendige Körper nicht
anders
als höchst unvollkommen
angewandt werden
kann.

J.W.v. Goethe

4,181

3, 5, 8, 13, 21, 34,
55, 89, 144, 233
377, 610, 987, 1597
2584, 4181, 6765
10'946 etc.

3 verhält sich zu 5
wie 5 zu 8

ist 8 die ganze Länge so
liegt die optische Mitte
5 von unten und 3 von
oben.

Hugo Kirkelhaus

Zur leichter Anwendung
empfohlen

Theobald Weinzäpfli

Auf der Pfalz
CH 500 Bern

Telephone
061 26 50 01

Mittelpunktermittlung mit dem Zirkel
mitte A ausmessen, Zirkel von C nach D schlagen
A mit Eckpunkt B verbinden auf B mit dem
Zirkel von Kreuzpunkt E an
die Formatgrenze schlagen
Paralelle nach G ziehen

A3 1:10

A4 1:10

A5 1:10

13

34

21

VORBEREITUNG ZUR BESCHRIFTUNG

DAS LINIEREN DES PAPIERS

Dazu benötigen wir einen hölzernen Mass-stab am zweckmässigsten von 40 cm Länge mit gut sichtbarer Millimetereinteilung. Am besten sind die unbehandelten, nichtlackierten, da sie auf der Schreibfläche weniger rutschen und sich mit den Fingern leicht stabilisieren lassen. Zusätzlich braucht man einen Winkel, vorzugsweise – falls erhältlich – einen aus unbehandeltem Eisen, der sich durch sein Eigengewicht beim Linieren am besten am Holzmassstab anschlagen und in die gewünschte Position bringen lässt.

Der Eisenwinkel verhindert auch beim Linieren mit Tinte und Feder die lästige Tropfenbildung an der Reisskante. Zum Reinigen ist ein seidener Lappen oder einer aus Hirschleder unentbehrlich, da diese Materialien keine Faserrückstände hinterlassen.

Der Bleistift sollte zum Linieren so gewählt werden, dass nach dem Radieren keine Druckspuren zurückbleiben. Erfahrungsgemäss ist ein Bleistift der Härte B2 am idealsten für diese Arbeit. Er muss zwar öfters mit einem guten Messer oder Spitzer nachgespitzt werden, was jedoch weniger Mühe bereitet, als die Kerben aus dem Papier zu entfernen. Zunächst wird links und rechts in vertikaler Richtung eine Massstabbreite vom Blattrand entfernt die Seitenbegrenzung gezogen. Danach messen wir oben und unten die Mitte

aus und verbinden diese beiden Punkte mit einer vertikalen Mittelachse. Schliesslich wird am oberen Rand im selben Abstand vom Blattrand die horizontale Seitenbegrenzung gezogen; am unteren Rand wird die Hälfte der Massstabbreite dazugerechnet.

Nun legen wir den Massstab an den linken Rand des Papiers, mit der Skala nach innen, zur Blattmitte, so dass die Skala und die Bleistiftlinie leicht sichtbar parallel nebeneinander verlaufen. In dieser Weise können wir ohne Befestigung des Papiers oder des Massstabes die Genauigkeit immer kontrollieren. Der Winkel wird an der oberen Bleistiftbegrenzung angelegt, und dann beginnt die erste Lektion in Fingerakrobatik: mit der rechten Hand wird immer der Bleistift gehalten, mit der linken der Rest. Mit dem kleinen, dem Ring- und dem Mittelfinger wird der Massstab auf das Papier gedrückt und stabilisiert, mit Zeigefinger und Daumen wird der Winkel so von Position zu Position verschoben, dass der Winkel immer schön am Massstab anliegt. Es lassen sich entsprechend der Spannweite der Hand auf diese Weise etwa 10 cm linieren, ohne den Griff der Finger auf

Muster eines Faltbriefes nach alter Manier, ohne Verwendung eines Briefumschlages.

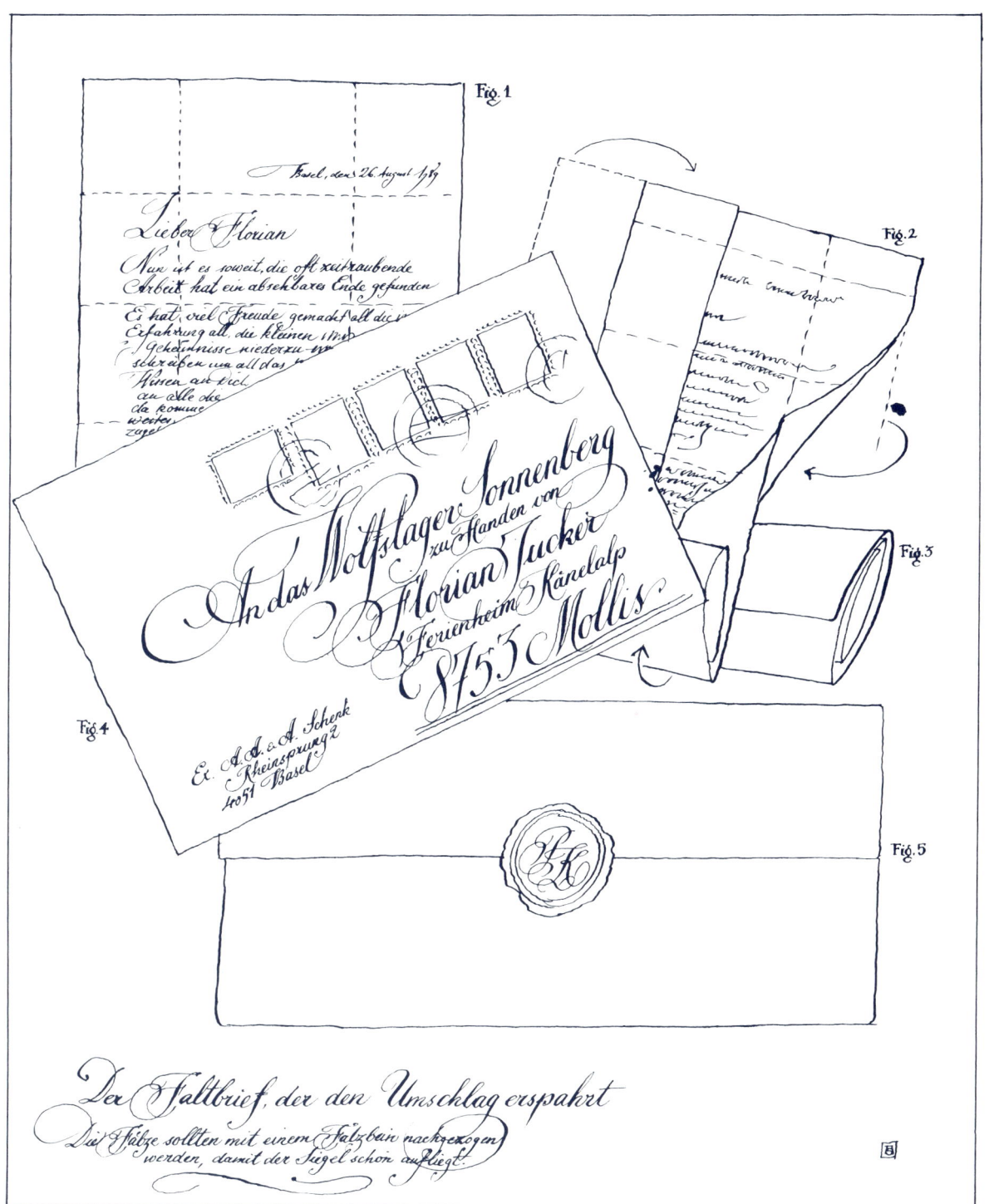

Fig. 1

Fig. 2

Fig. 3

Fig. 4

Fig. 5

Der Faltbrief, der den Umschlag erspahrt

Die Fälze sollten mit einem Falzbein nachgezogen
werden, damit der Siegel schön aufliegt.

43

dem Massstab zu verändern. Um nicht die Position der einzelnen Zeilen jeweils durch Addieren der Zeilenhöhe neu ausrechnen zu müssen, empfiehlt sich eine selbstgefertigte Schrifthöhenskala, auf der lediglich die Position der einzelnen Zeilen eingetragen ist.

Linierautomat: In den Architekturbüros benutzte man früher Linier- bzw. Schraffierautomaten, bei denen der rechte Winkel durch Hebeldruck zum nächsten Punkt der Skala springt. Diese Geräte sind für jeden Schreiber ein Luxus und oft nur schwer zu finden.

LINIEREN VON PERGAMENT

Im Prinzip verfährt man wie beim Linieren des Papiers, doch ist es beim Pergament, da dieses oft eine sehr glatte Oberfläche aufweist und meistens nicht schön plan liegt, sinnvoller, den Massstab mittels Klebband auf den in der Regel schon vorhandenen Unterlagenkarton des Pergamentes aufzukleben.

RADIEREN DER LINIERUNG

Für die meisten Verwendungszwecke ist aus Gründen der Ästhetik die Linierung abschliessend zu entfernen.

Dazu verwendet man am besten einen Radiergummi, der auch bei einem Bleistift 5B noch wischfest ist, zum Beispiel einen Silikongummi. In einem geschlossenen Behälter oder in der Hosentasche aufbewahrt, bleibt der Radiergummi schön geschmeidig und schmiert weniger, da die Weichmacher so nicht verloren gehen.

Es gibt Papiere und andere Materialien, auf denen eine Linierung zwar möglich wäre, deren spurlose Entfernung jedoch nicht. In einem solchen Fall ist der vorgesehene Text zunächst auf ein Planzeichnungspapier zu bringen, dieses auf der Rückseite mit einem 2B-Bleistift einzuschwärzen und der Text nach sorgfältiger Plazierung mittels eines 3H-Bleistiftes ohne viel Druck auf den definitiven Beschreibstoff zu pausen. Die gepauste Bleistiftschrift wird alsdann mit der Tinte überschrieben.

Barytpapier, wie es häufig als Vorsatzblatt in Büchern zu finden ist, wo öfters auch Widmungen angebracht werden, sind zum Schreiben vorzüglich, eignen sich jedoch keineswegs zum Radieren.

HILFSWERKZEUGE

SILBERSTIFT

Sei der Zeit der Römer sind uns Silberstifte zum Zeichnen bekannt. Im 15. Jahrhundert kamen sie zur Herstellung von feinsten Zeichnungen erst recht in Mode. In den 50er Jahren dieses Jahrhunderts verschwanden sie schliesslich völlig aus den Regalen der Künstlerbedarfsgeschäfte.

In erster Linie wurde der Silberstift zum Zeichnen auf zu diesem Zweck speziell hergerichteten Papieren und Pergamenten benutzt.

Fig. 1: Zureissen einer Platzkarte. Fig. 2: Platz- oder Tischkarte mit Plazierung des Namens. Fig. 3: Menükarte gerollt als Platzkarte. Fig. 4: Menükarte mit Namen. Fig. 5: Aufteilung bei einer doppelseitigen Menükarte. Fig. 6: Menükarte mit reichem Rahmen, Text eingemittet.

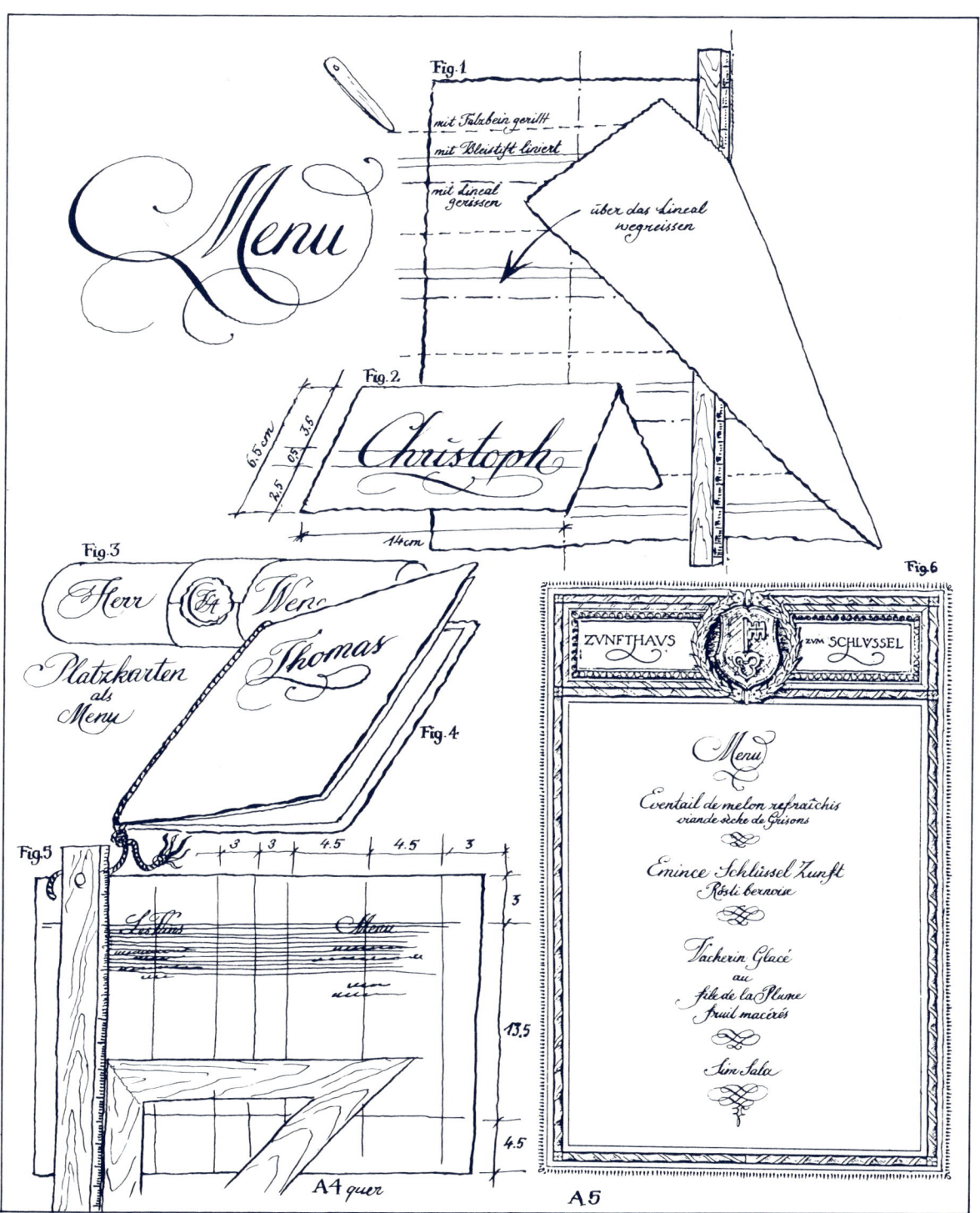

Fig. 1

mit Falzbein gerillt
mit Bleistift liniert
mit Lineal gerissen

über das Lineal wegreissen

Menu

Fig. 2

6.5 cm
0.5 3.5
2.5
14 cm

Christoph

Fig. 6

Fig. 3

Herr CA *Wen*

Thomas

Platzkarten als Menu

Fig. 4

Fig. 5

3 3 4.5 4.5 3

3

13.5

4.5

A4 quer

ZVNFTHAVS ZVM SCHLVSSEL

Menu

Eventail de melon refraîchis
viande sèche de Grisons

Emincé Schlüssel Zunft
Rösti bernois

Vacherin Glacé
au
fil de la Plume
fruit macérés

Sim Sala

A5

Zum feinen Vorzeichnen und Linieren auf Pergament eignet er sich auch besser als der Bleistift, vorausgesetzt, es wird nicht als störend empfunden, die damit gezogenen Striche stehen zu lassen.

Der Silberstift, heute im Fachhandel kaum mehr erhältlich, wurde früher in den verschiedenartigsten Legierungen geliefert. Als preisgünstigen Ersatz kann man sich heute ein Stück 925er Sterling-Silberdraht beim Goldschmied kaufen und diesen, einer Bleistiftmine gleich, in den Minenhalter legen und zuspitzen. In schönerer Ausführung lässt sich ein Stück Silberdraht auf einen Kupfer- oder Messingstab auflöten.

BLEISTIFT

In der Antike benutzten die Griechen dünne Bleiplättchen zum Linieren, später wurde dazu dünner Bleidraht in Holz gefasst. Die Legierungen dieses Drahtes bestanden meistens aus Blei und Zinn und später aus Blei und Wismut.

Im Jahre 1604 fand zum erstenmal Graphit (reiner Kohlenstoff) Verwendung. Anfänglich wurde dieser nur zum rückseitigen Bestreichen von Papieren zum Durchpausen benutzt, fand jedoch dank seiner aussergewöhnlichen Verwischeigenschaften bald auch bei den Zeichnern Verbreitung. 1795 erfand der Franzose Nicolas Jacques Conte durch Zusatz von feingeschlämmtem Ton zum pulverisierten Graphit und nachträgliches Brennen der Minen den Bleistift, wie wir ihn noch heute kennen. Die Bleistifte sind meistens in den Härtegraden 10H bis 8B erhältlich.

Die Verwendungszwecke der wichtigsten Typen sind die folgenden: 6B zum Einfärben der Rückseite des Pauspapiers beim Übertragen von Vorzeichnungen oder Fotokopien auf Pergament oder Papier.

Als Ersatz für den 6B-Bleistift erleichtert der im Künstlerbedarf erhältliche Graphitstift das Arbeiten, da er nicht dauernd nachgespitzt werden muss.

2B zum Skizzieren und Linieren. Er lässt sich mit einem Silikongummi wieder leicht vom Papier oder Pergament entfernen, ohne zu schmieren und ohne Druckspuren zu hinterlassen, muss allerdings des öfteren nachgespitzt werden.

4H zum Pausen. Mit dem Messer fein zugespitzt, lassen sich damit allerfeinste Linien ohne grosse Druckanwendung übertragen. Ein Silberstift oder eine fein zugeschliffene Reissnadel, die das Papier nicht aufreisst, kann den 4H-Bleistift ersetzen. Jedoch sind beim Pausen die schon gepausten Striche von den noch nicht gepausten schwer zu unterscheiden.

BIMSSTEIN

Bimsstein findet nur bei grossflächigem Radieren auf Pergament Anwendung. Es empfiehlt sich jedoch, zunächst damit Proben auf Abschnitten zu machen, da Bimsstein die Oberfläche stark aufrauht. Bimssteinpulver kann zusätzlich verwendet werden, entwickelt aber viel Staub.

BROTKRUME

Der weiche Teil eines ganz frisch gebackenen Graubrotes lässt sich in gekneteter Form zur Not gut als «Radiergummi» verwenden. Frü-

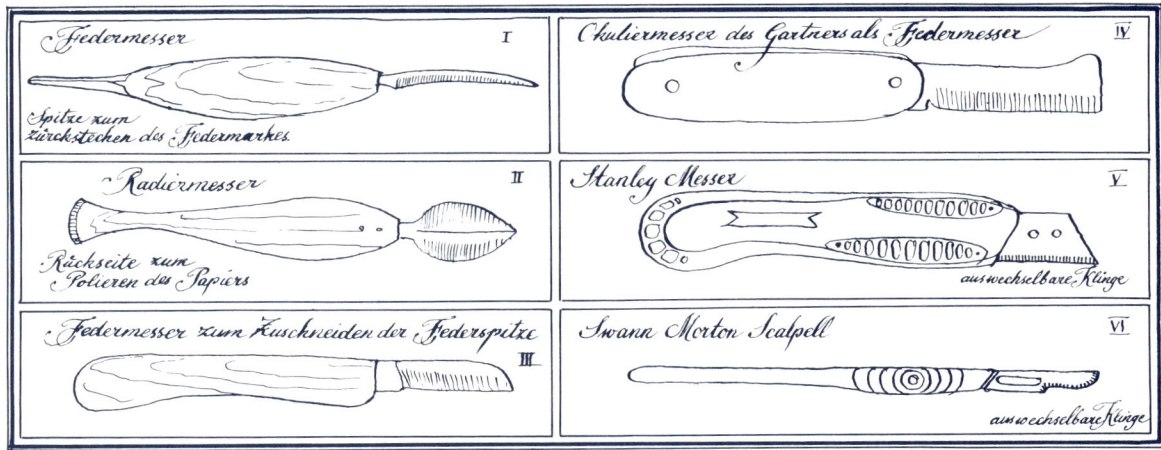

Labels within the illustration:
- Federmesser — I — Spitze zum zurückstechen des Federmarkes.
- Radiermesser — II — Rückseite zum Polieren des Papiers
- Federmesser zum Zuschneiden der Federspitze — III
- Okuliermesser des Gärtners als Federmesser — IV
- Stanley Messer — V — auswechselbare Klinge
- Swann Morton Scalpell — VI — auswechselbare Klinge

Verschiedene Messer zum Zuschneiden von Gänsekielen und zum Radieren auf Pergament und Papier.

her, vor der Erfindung des Radiergummis, war dies das einzige Mittel zum Entfernen von Bleistiftstrichen.

RADIERSTIFT

Tintenradierstifte, die mit abreissbarem Papier umwickelt angeboten werden, eignen sich besonders zum partiellen Radieren von Tinte auf Pergament. Von Glasfaserradierstiften, wie sie zum technischen Zeichnen verwendet werden, ist abzuraten, da sie den Schriftträger zu sehr verletzen und oft zu viele Schichten wegschaben.

RADIERGUMMI

Die weissen, elastischen Silikonradiergummis, die eigentlich nichts mehr mit Gummi in seiner ursprünglichen Bedeutung zu tun ha-

ben, sind die besten. Zur Probe versucht man, mit einem 4B-Bleistift gezogene Striche zu radieren, ohne dass sie verschmieren. Diese Silikonradierer schonen besonders die Papieroberfläche und nehmen auch dem Büttenpapier nur geringe Mengen der Oberflächenleimung weg.

Wichtig: Beim Radieren auf Pergament sollte immer die radierte Stelle auf ihre Saugfähigkeit geprüft werden. Saugt das Pergament die Tinte an der radierten Stelle ein, so kann diese mit einem zügig mittels eines Seidenlappens nicht zu dick einmassierten Eigelbs zum erneuten Beschreiben vorbereitet werden.

Bei Handschriften auf Papier sollte grundsätzlich immer als letzte Möglichkeit radiert werden. Fehler werden, wenn überhaupt, neu überschrieben, um dann den sichtbaren Rest wegzuschneiden oder wegzuschaben.

DAS SCHREIBMESSER ODER RADIERMESSER

Unter dem Namen Radiermesser besser bekannt, dient uns dieses scharf geschliffene, handliche Stahlmesser mit breiter, kurzer Klinge einerseits zum Ausschaben von allfälligen Fehlern und andererseits, in der linken Hand gehalten, während des Schreibens zum Herunterdrücken des Beschreibstoffes.

DAS FEDERMESSER

Als letztes der Hilfswerkzeuge sei noch das Federmesser erwähnt, das bei der Zubereitung von Rohrfedern und Gänsekielen (siehe folgende Kapitel Seite 49–54) Anwendung findet.

Als Federmesser benutzt man am besten ein handliches, gehärtetes, aber nicht aus Inox oder Chromstahl gefertigtes Messer. Die Klinge sollte, wie Abbildung Seite 47 zeigt, ausschliesslich auf der rechten Seite mit einem Arkansasstein und Schleiföl zugeschliffen werden. Zurechtgeschliffene Okuliermesser, wie sie vom Gärtner zum Pfropfen von Gewächsen benutzt werden, tun hier oft die besten Dienste, da sie nicht zu dünn sind und dank ihres vorzüglich schleifbaren Stahls für das Zuschneiden der Gänsekiele immer rasiermesserscharf geschliffen werden können. Auch sogenannte Stanleymesser mit auswechselbarer Klinge (Abbildung Seite 47) sind als Federmesser gut brauchbar. Ein gut geschliffenes Messer ist die Voraussetzung für einen guten Gänsekiel.

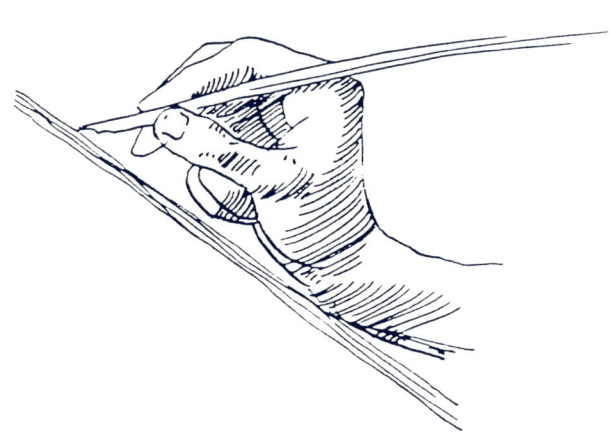

SCHREIBWERKZEUGE

DIE ROHRFEDER

Die erste Feder, die als Schreibinstrument
Verwendung fand, war der Papyrusstengel. Im
alten Ägypten benutzte man zum Schreiben
dünne Papyrusstengel, die durch Klopfen an
einem Ende pinselartig ausgefasert wurden.

Die Griechen und Römer des klassischen
Altertums gebrauchten hingegen die aus
Schilf oder Bambus hergestellte Rohrfeder. In
Asien, Kleinasien und Nordafrika wird diese
bis zum heutigen Tag in den Schulen beim
Erlernen des Schreibens mit Tusche benutzt.

Eine Rohrfeder von ca. 30 cm wird, wie die
nebenstehende Abbildung zeigt, abgeschrägt.
Der weiche Innenteil wird mit dem flach da-
gegen gehaltenen Messer ausgeschabt, so dass
nur noch die harte Schale bleibt.

Die Federspitze wird mit dem Rücken nach
oben auf eine dicke Glasplatte gelegt, die
Schreibmesserklinge gerade darauf plaziert
und das Ende rechtwinklig zur Rohrfeder ab-
geschnitten. Es ist wichtig, dass dieser Schnitt
mit einem sehr scharfen und stabilen Messer
ausgeführt wird, da er für die Ausführung
dünner waagrechter Linien von grosser Bedeutung ist.

Mit dem Federrücken nach unten auf der
Glasplatte aufliegend, wird unter Druck mit
dem Messer ein kurzer, kaum sichtbarer Spalt
in die Spitze geritzt. Will man den Spalt nun
noch verlängern, kann dies mit sanftem

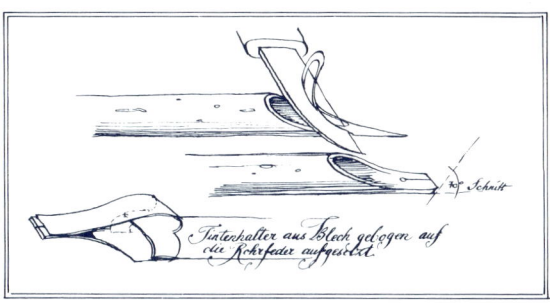

Oben: Zuschneiden einer Rohrfeder.
Unten: Aus dünnem Blech geformter sogenannter
«Tintenschuh», der eine grössere Menge Tinte auf
der Feder hält.

Druck mittels eines Pinselstiels oder ähnlichem geschehen.

Die Spitze kann, den Federrücken nach unten gehalten, durch einen Schrägschnitt meis-
selförmig verfeinert werden. Es ist darauf zu
achten, dass der Einschnitt in das entfernte
Mark sauber und präzis ist.

Fertige Bambusrohre finden wir am billig-
sten in Blumengeschäften, wobei das Zuschneiden des Bambus nicht ungefährlich ist.

Um Bambusrohr selbst zuzubereiten, muss
Schilf, wie es am seichten Ufer der meisten
Binnengewässer Mitteleuropas zu finden ist,
in gut grünem Zustand geschnitten und anschliessend getrocknet werden. Schon braune
Schilfrohre können teilweise auch verwendet
werden, sollten jedoch durch leichten Druck

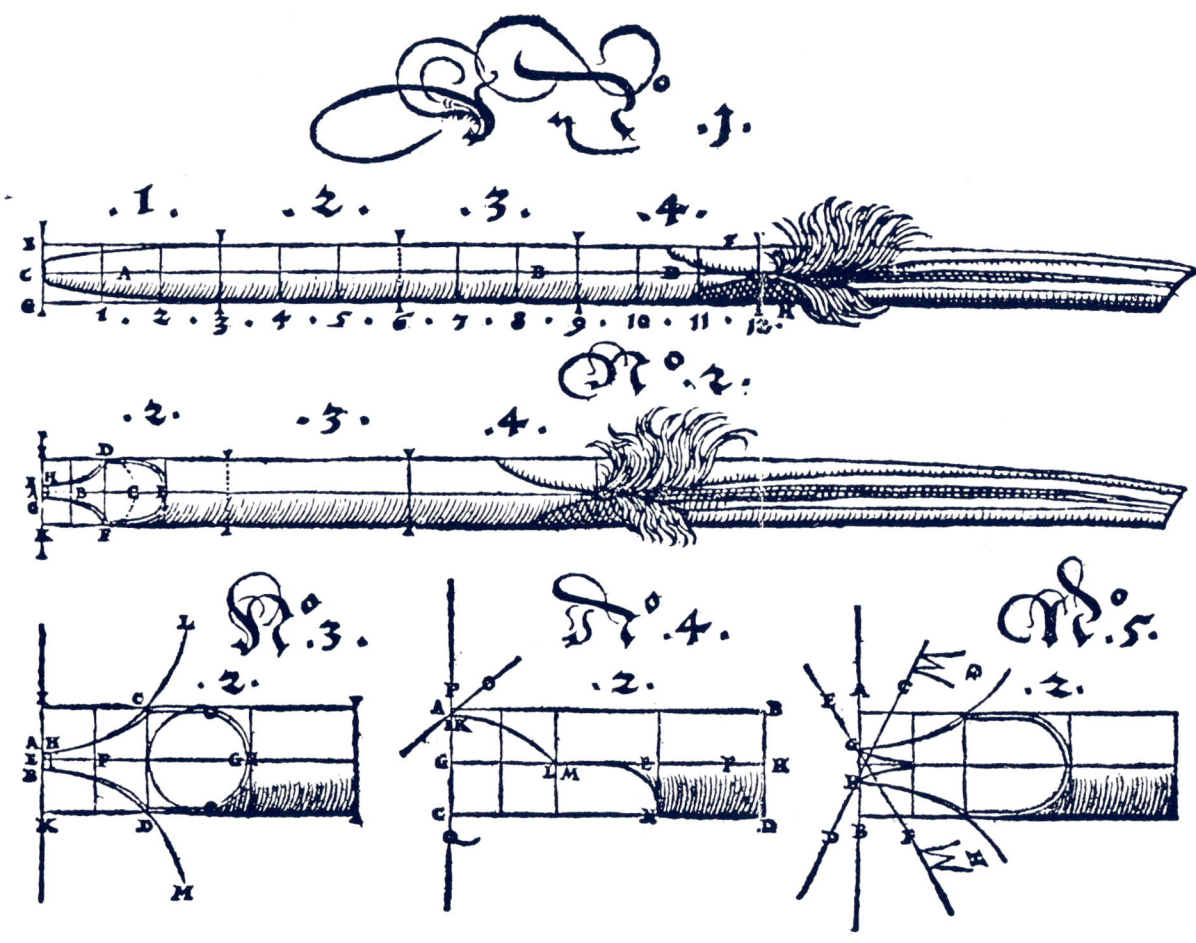

zwischen Zeigefinger und Daumen zwischen den Rohrknoten daraufhin geprüft werden, ob sie sich, ohne aufzuspringen, zum Zuschneiden eignen.

DER GÄNSEKIEL

Schon früh dienten Gänsekiele den verschiedensten Zwecken des praktischen Lebens. So berichtet der römische Dichter Martial um 90 n. Chr., dass sie als Zahnstocher Verwendung fanden.

Die erste Erwähnung des Gänsekiels als Schreibgerät findet sich um 624 n. Chr. bei Isidor von Sevilla als «penna arvis cuius acumen in duo dividitur», d. h. «eine Vogelfeder, deren Spitze in zwei Teile geteilt wird». Um 700 n. Chr. erwähnt Adelhalmus, der Angelsachse, die Pelikanfeder als Schreibgerät.

Welche Kiele können wir verwenden, um selbst eine Schreibfeder herzustellen? Federn von Käfig-, Stall- und Masttieren sind aufgrund ihres unterentwickelten Federkleides und dem durch diese Art von Tierhaltung bedingten Kalkmangel aufgrund des eingeschränkten Bewegungsraumes nicht brauchbar.

Wer sich eine gute Feder zubereiten will, sollte von den besten Gänsekielen nehmen. Die äussersten vier Federn eines jeden Flügels, die der Gans im Frühling von selbst ausfallen, eignen sich dazu am besten, da sie von Natur aus die härtesten sind. Die Federn von Gänsen, die die Möglichkeit hatten, ihre Flügel zum Flattern zu gebrauchen oder gar zu fliegen, sind besonders gut entwickelt und nicht spröde und lassen sich daher gut verarbeiten.

Einen guten Gänsekiel erkennt man daran, dass die Spitze etwa zwei Daumen breit wie ein Fingernagel etwas milchiger durchschimmernd ist und erst danach in den deutlich weisseren Teil übergeht. Stehen keine Kiele solcher Qualität zur Verfügung, so lassen sich andere entsprechend zubereiten. Dies geschieht erstens durch jahrelange Lagerung in nicht allzu trockener Umgebung (Vorsicht vor Motten und Milben) und zweitens durch eine besondere Zubereitung der Kielfedern.

Dazu benötigen wir ein Glas Wasser, genügend feinen Flusssand, um ein kleines Pfännchen damit zu füllen, und ein sehr scharfes Messer.

Zuerst werden die Kielspitzen durch einen leicht schrägen Schnitt gekappt, das Mark mittels eines dünnen Holzstäbchens zurückgestossen und die Kiele so lange im Wasser aufgeweicht, bis sie gleichmässig weiss erscheinen. Danach wird der Sand in einem Pfännchen so erhitzt, dass die nassen Kiele, wenn sie in den heissen Sand gesteckt werden, zischen, aber keine Risse bekommen. Sie werden so lange im heissen Sand gelassen, bis sie an ihren Spitzen durchschimmernd sind

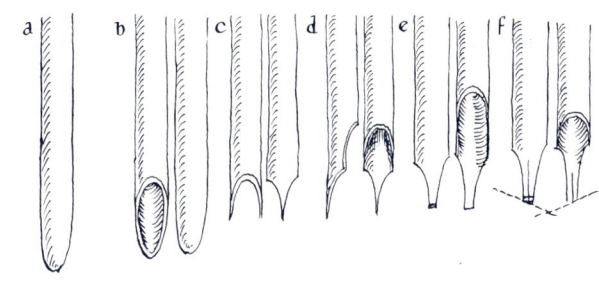

a: roher Kiel, b: schräg aufgeschnitten, c: auf der Gegenseite schräg aufgeschnitten, d: untere Spitze weggeschnitten, e: Spitze nach Belieben zugeschnitten, f: mit Mittelspalt versehen und nachgeschnitten.

wie die Fingernägel. Anschliessend schabt man mit einem scharfen Messer die feine Haut rundum von der Spitze und wischt die Fasern mit einem wollenen Lappen vom Kiel.

Aus unzähligen Arten, Kiele zuzuschneiden, wähle ich hier eine einfache und zuverlässige aus, die auch von Kindern an Taubenfedern ausprobiert werden kann.

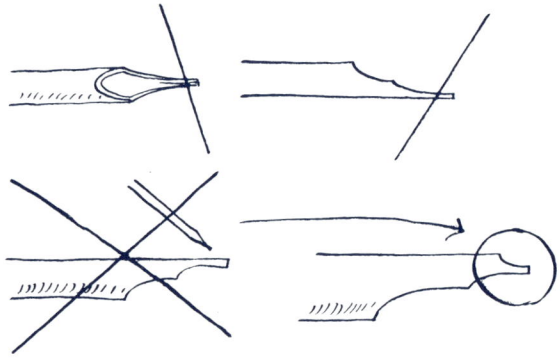

förmig zugeschnitten. Wird dieser Schnitt in der beschriebenen Weise ausgeführt, entsteht eine scharfe Schreibkante, die uns beim Schreiben allerfeinste Linien zu fertigen erlaubt.

3. Auf der gleichen Unterlage wird nun der Spalt in der Mitte der Federspitze angebracht, wobei grundsätzlich zu beachten ist, dass ein langer Spalt zwar die Elastizität der Feder erhöht, damit zugleich aber auch die Deformation der Federspitze durch Luftfeuchtigkeit fördert. Ein kurzer Schnitt von ca. 5 mm gilt bei einer guten, nicht zu spröden Feder als Normalschnitt.

4. Anschliessend werden die Backen in gewünschter Weise nachgeschnitten und der Federspitze noch der letzte Schliff verliehen.

Ein erfolgreiches Schreiben mit dem Gänsekiel bedarf einer Schreibunterlage von etwa 40–60 % Neigung, damit die Tinte nicht zu rasch aus der Feder tropft.

1. Durch einen an der rechten und der linken Flanke der Federspitze angebrachten Schnitt erhält die Kielspitze die Form eines geöffneten Vogelschnabels, von dem der untere Teil durch einen etwas weiter hinten ansetzenden Schnitt entfernt wird.

2. Der jetzt federförmige Kiel wird mit dem Rücken nach unten auf eine harte Unterlage gelegt und die Spitze mit einem harten, scharfen Messer schräg gegen innen meissel-

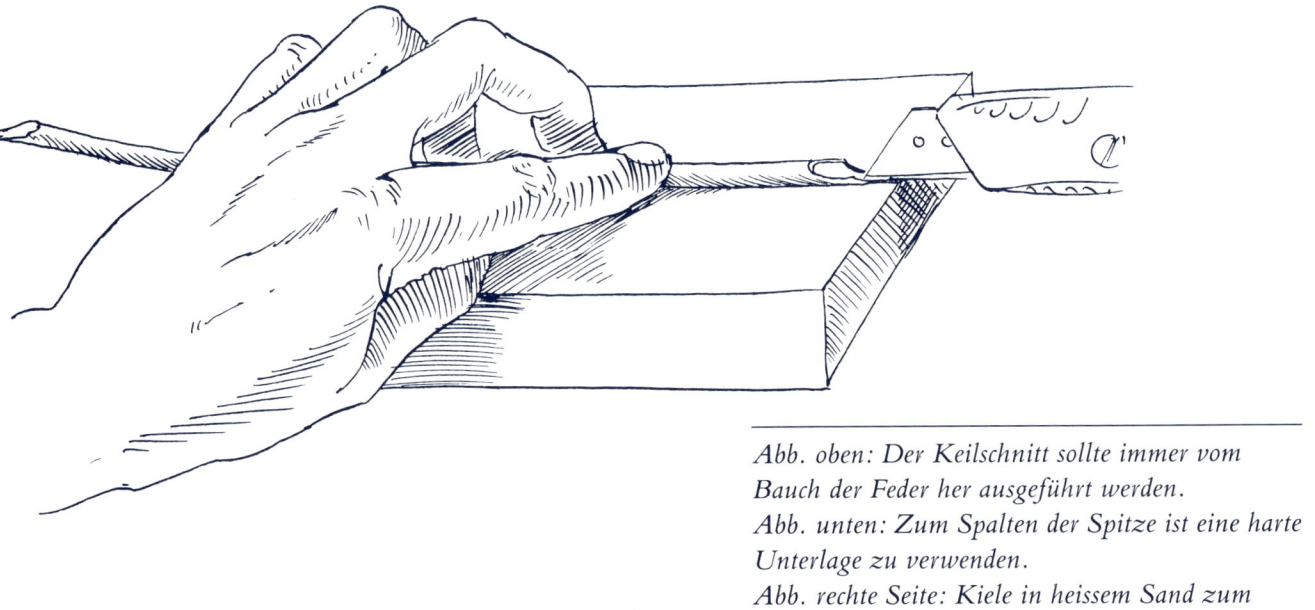

Abb. oben: Der Keilschnitt sollte immer vom Bauch der Feder her ausgeführt werden.
Abb. unten: Zum Spalten der Spitze ist eine harte Unterlage zu verwenden.
Abb. rechte Seite: Kiele in heissem Sand zum Hornen.

Abschliessend sei noch ein kurzer Überblick über die verschiedenen Arten von Federkielen gegeben:

Auerhahn- und Straussenfedern sehen wohl dekorativ aus, führen aber beim Schreiben aufgrund ihres grossen Druchmessers zu einer verkrampften Fingerhaltung.

Schwanenkiele lassen sich gut zum Schreiben der Frakturschrift verwenden, während sich *Rabenkiele* besonders für feine Linien und Schriftzüge eignen und sehr bequem in der Handhabung sind.

Truthahnfedern sind grösser als der Gänsekiel und eignen sich vorzüglich für alle Schriften.

Hühnerfedern taugen im allgemeinen nicht viel.

DIE STAHLFEDER

Schon sehr früh wurden Versuche unternommen, aus verschiedenen Edelmetallen wie Gold oder Kupfer Schreibfedern herzustellen. Die erste Erwähnung der Erfindung einer Stahlfeder findet sich 1748 in den Aufzeichnungen des Aachener Bürgermeisters Johannes Janssen, doch bis zur industriellen Herstellung der uns heute bekannten Stahlfedern dauerte es noch einige Zeit: sie setzte 1822 durch Joseph Gillot in Birmingham ein und verdrängte den seit Jahrhunderten gebräuchlichen Gänsekiel. Die Stahlfeder selbst musste schliesslich der Füllfeder und dem durch die ungarischen Brüder Biro erfundenen Kugelschreiber weichen, der nach 1945 seinen Siegeszug in der westlichen Welt antrat.

Da sich bei den früher gebräuchlichen Kielfedern der Federschnabel durch die Reibung auf dem Papier und die durch die Tinte bewirkte Erweichung unweigerlich abnützte,

wurde zunächst immer wieder versucht, die Dauerhaftigkeit der Feder durch metallene Spitzen zu steigern: Was aber in dieser Hinsicht gewonnen wurde, verlor man an Elastizität, weshalb keiner dieser Versuche von bleibendem Wert war. Die Verbindung von Dauerhaftigkeit und Elastizität wurde immer wieder angestrebt. So wurde auch Horn und Schildpatt zu Federschnäbeln geschnitten, in siedendem Wasser weich gemacht, mit Gold eingefasst und an den Schnabelspitzen mit Rubinen und Diamanten versehen. Mit solchen Federn liess sich eine schöne und saubere Handschrift schreiben, jedoch waren sie in der Herstellung sehr teuer.

Um 1803 tauchten «Wise's Stahlfedern» auf dem Papierwarenmarkt auf, einzelne Stahlfedern in einem knöchernen Halter, die sich bequem in der Tasche mitführen liessen.

Diese Stahlfeder wurde wohl zu einem niedrigen Preis angeboten, doch eignete sie sich nur zum gelegentlichen Gebrauch.

Durch den Engländer Joseph Gillot wurde 1822 die Stahlfeder zu einem industriell gefertigten Handelsartikel. Durch seine unermüdliche Entwicklung und Verbesserung der ersten Produktionswerkzeuge und Maschinen konnte er die Qualität der Federn und damit auch die Nachfrage stetig erhöhen, bis er im Jahre 1828 eine durch Dampfkraft betriebene Maschine erfand, die die Herstellung von Stahlfedern in grösserer Stückzahl ermöglichte.

1850 erweiterte er seine Fabrik an der Graham Street in Birmingham. Sein für damalige Verhältnisse unbeschreibliches Sortiment an Federn reichte von der Magnum-bonum-Sorte, die für die Kassenbücher der Bankiers verwendet wurde, bis zu den feinsten Federn, die schon durch die zartesten Kinderfinger hätten gebogen werden können.

Kielfeder gebrauchsfertig zugeschnitten

Graugans

Hausgans

Schilfrohrfeder

Bambusfeder

Federmesser

Federdose

zum polieren

Spitzfedern

hart
mittel
weich

für kleine Schriften
für grosse Schriften

Radiermesser

Feinste Zeichenfeder auf Grillspiess aus Bambus

Unlackierte Holzfederhalter
mit eingelassenem Globus zum
aufstecken der Federn

Marmorierte Federhalter

kleine Federauswahl

Zeichenfeder

Perry-Feder

Rösli-Feder

Eiffelturmfeder

Händli-Feder

Bandzugfeder

Ato-Feder mit Reservoir

To-Feder

Doppelbandzugfeder, dicker u. dünner Strich.

oben älteres, unten neues Modell

55

Der Arbeitsablauf in Gillots Stahlfedern-
manufaktur teilte sich in die folgenden
Schritte:

DIE STAHLFEDERHERSTELLUNG

Das Walzen des Stahls

Als Rohmaterial dienten in Sheffield hergestellte Stahlplatten, die damals zu den besten
auf dem Markt zählten. Diese, ähnlich den zur
Verkleidung von Schiffen benutzten, grossen
Platten wurden zunächst entsprechend der
Länge der herzustellenden Federn in Streifen
geschnitten. Diese wurden im Schmelzofen
bis fast zum Schmelzpunkt erhitzt und anschliessend langsam an der Luft ausgekühlt.
Damit verloren die Streifen an Härte und
Sprödigkeit, die sie durch das vorhergehende
Hämmern der Platten erhalten hatten. Nach
dem Erkalten wurden sie in Schwefelsäure
getaucht, um das Oxidieren zu verhindern,
und anschliessend zwischen zwei Eisenzylin-
dern auf ein Drittel ihrer Stärke gewalzt (0,06
bis 0,3 mm).

Reinigung der Federn nach dem Scheuern.

Das Ausschneiden der «Blankets» (Federplättchen)

Die nach diesem Vorgang entstandenen dünnen Stahlbänder wurden anschliessend im
Stanzraum weiterverarbeitet. Aus den Bän-
dern wurden auf Spindelpressen die Feder-
umrisse einmal links und einmal rechts mit
dem entsprechenden Stanzwerkzeug von
Frauenhand ausgestanzt.

Die Geschwindigkeit, womit diese sogenannten «Blankets» ausgeschnitten wurden,
ist erstaunlich, wenn man bedenkt, dass das
Blech von Hand unter den Punzen (Stanzwerkzeug) gelegt und mit einem Handgriff
die «Schraube» niedergebracht werden musste. Dabei war darauf zu achten, dass nicht zu
viel Materiel als Zwischenraum verloren ging.
Eine Arbeiterin produzierte auf diese Weise
300 Gros à 144 «Blankets» pro Tag, das sind
insgesamt 43 200 Stück.

Schleifen.

Das Schlitzen, Durchschlagen, Stempeln und Hohlschlagen

In einer weiteren Presse wurden die Blankets
durch zwei niedergehende Messer geschlitzt
und durchschlagen. Danach wurden diese

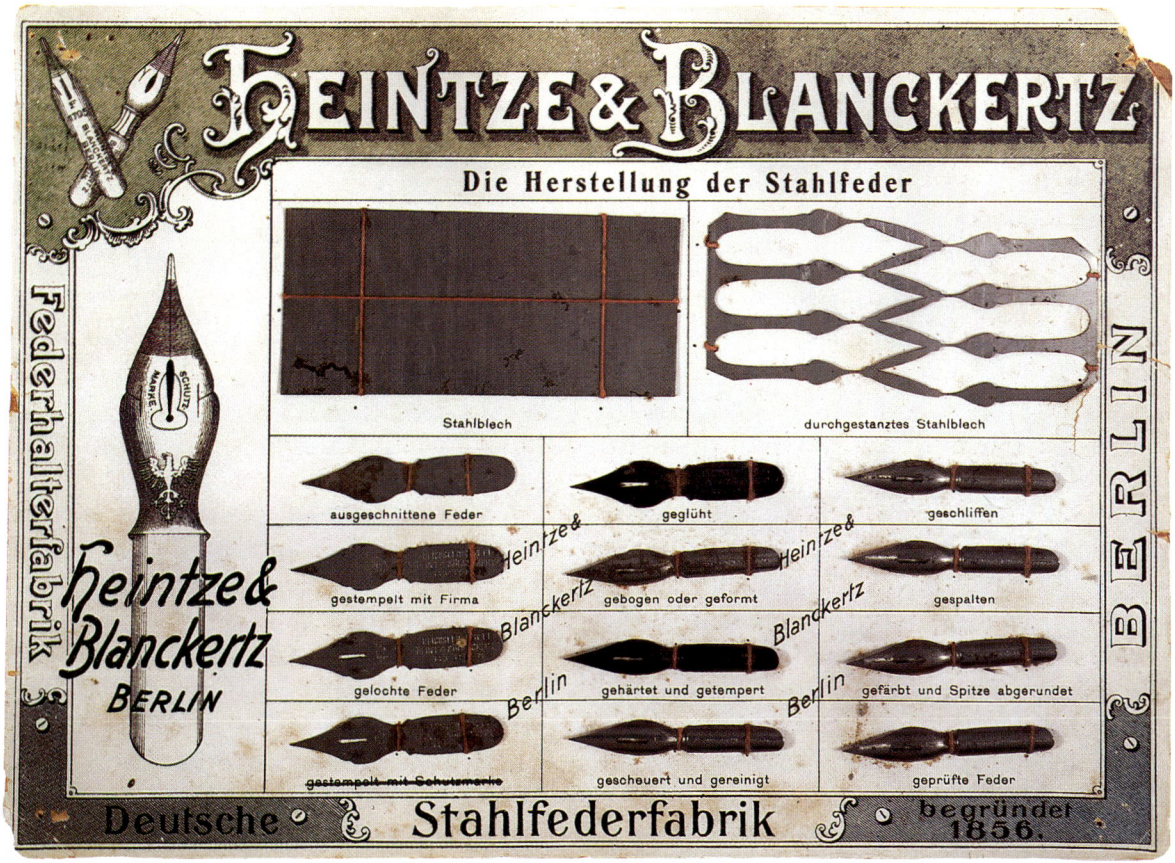

HEINTZE & BLANCKERTZ

BERLIN

Federhalterfabrik

Die Herstellung der Stahlfeder

Stahlblech

durchgestanztes Stahlblech

ausgeschnittene Feder

geglüht

geschliffen

gestempelt mit Firma

gebogen oder geformt

gespalten

gelochte Feder

gehärtet und getempert

gefärbt und Spitze abgerundet

gestempelt mit Schutzmarke

gescheuert und gereinigt

geprüfte Feder

Heintze & Blanckertz BERLIN

Deutsche Stahlfederfabrik begründet 1856.

Rohrfedern erneut bis zum Schmelzpunkt erhitzt und an der Luft abgekühlt.

In der nächsten Presse erhielten die Blankets Inschrift, Stempel und Verzierung und wurden so in flachem Zustand vollendet. Der Prozess des Hohlschlagens gab der Feder die gewölbte, konvexe From, was mittels eines konvexen Punzens unter einer weiteren Presse geschah.

Das Härten, Schleifen und Färben

Um die Federn zu härten, wurden sie in Eisenkästen mit maximal 100 Gros Inhalt in grossen Öfen abermals zum Glühen gebracht.

Nach einer halben Stunde Glühzeit wurden die Kästen vorsichtig mit grossen Eisenzangen aus dem Ofen geholt und die Federn zum Abschrecken in kaltes Öl geleert. Dadurch wurden sie wieder hart und spröde. Das anschliessende Scheuern der Federn erfolgte mit gereinigtem Wasser und etwas Sumpfkalk, um das Rosten zu verhindern. In mit Sägespänen gefüllten Zylindern wurden sie dann rotierend vom restlichen Öl gereinigt. Im Schleifzimmer wurde nun jede Feder gemustert und mittels einer eigens dafür konstruierten Zange einige Sekunden gegen eine aus Birkenholz gefertigte, mit Ziegenleder überzogene und mit Schmirgel und Leim bedeck-

Färben oder Bronciren der Federn.

te Schmirgelscheibe gehalten. Um der Spitze die richtige Elastizität zu geben, wurden zwei Schliffe angebracht, einer der Länge und einer der Breite nach.

Zur Färbung wurden die blanken Federn in Zylindern mit ca. 150 Gros Fassungsvermögen, ähnlich Kaffeeerösttrommeln, über ein Feuer gehalten, um sie so einer stufenweisen und regelmässigen Hitzeeinwirkung auszusetzen. Werden die Federn 5 Minuten der Hitzeeinwirkung ausgesetzt, erhalten sie eine bronzene Farbe, bei 10 Minuten eine tief bläuliche-purpurne Farbe. Der Grad der Federhärte wird durch den Ton der Färbung angezeigt.

Hatten die Federn den für die gewünschte Härte benötigten Hitzegrad erreicht, wurden

sie in einen Trog geleert, wo sie sich schnell abkühlten und den genauen Farbton bewahrten. In einem Gemisch von Schellack, Spiritus und Wein wurden sie alsdann gefirnisst und in einem Sieb der freien Luft ausgesetzt. Im Falle einer weissen Krustenbildung wurden sie einfach wieder erwärmt, wodurch der Schellack zerfloss und eine schön emaillierte Oberfläche erschien. Um eine einheitliche Qualität zu erzielen, wurden die Federn nun in Gruppen von guten, schlechten oder unbrauchbaren sortiert, indem sie mit der Spitze gegen einen am Daumen befestigten Knochen gedrückt wurden.

Jetzt erst konnten die Federn in kleine Schachteln verpackt, etikettiert und in aller Herren Länder versandt werden. Zum Abschluss noch einige Zahlen: Gillot beschäftigte 1853 um die 600 Arbeiter und Arbeiterinnen zu einem Wochenlohn von 5 Schilling (für die Jüngeren) bis 14 Schilling. Er verbrauchte 120 Tonnen Stahl im Jahr und produzierte jährlich 108 000 000 Stahlfedern. Die wichtigsten Federformen sind die folgenden:

DIE BREIT- ODER BANDZUGFEDER

Diese Feder mit Winkelspitz wird hauptsächlich zum Schreiben von Unziale, karolingischer Minuskel und Frakturschrift verwendet. Dabei wird die Breitfeder etwa in einem Winkel von 45° nach rechts ansteigend auf das Papier gesetzt: Haarstriche werden nach rechts oben gezogen, Breitstriche nach rechts unten.

DIE SPITZFEDER

Diese Feder wird insbesondere für die englische Schreibschrift und die Kurrentschrift

Stahlfedernhärte		
weiss/blank	=	weich/elastisch
braun	=	mittel/hart
blau	=	hart/spröde

58

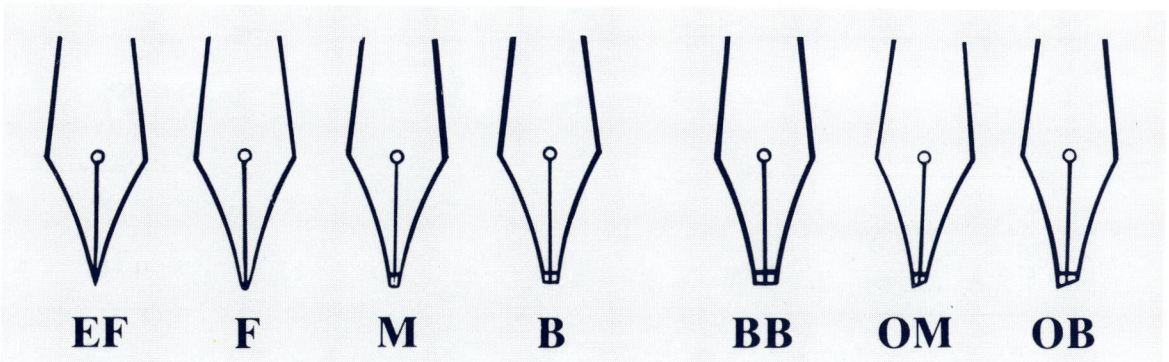

EF F M B   BB OM OB

Abb. oben: Im Handel erhältliche Federbreiten und ihre Bezeichnung.
Abb. unten: Spitzfeder, Kugelspitzfeder und Breit- oder Bandzugfeder.

verwendet, doch lassen sich alle Schriften damit herstellen. Durch Druck auf die Feder wird die Schriftdicke bestimmt. Betonungen können jedoch nur beim Abstrich ausgeführt werden, beim Aufstrich entstehen durch das feine Hüpfen der Füsse unter Druck Spritzer.

DIE KUGELSPITZFEDER

Der Vollständigkeit halber sei auch diese Feder aufgeführt. Sie wird hauptsächlich zur Herstellung von technischen Schriften verwendet. Für mit Tinte und Feder ungeübte Schreiber ist sie jedoch zum Unterschreiben von Urkunden durchaus zu empfehlen.

ZUR FEDERHERSTELLUNG VERWENDETE METALLE

Neben der Verwendung von gehärtetem Stahl wurden im Laufe der Zeit verschiedene Versuche unternommen, auch aus anderen Metallen Federn herzustellen.

Gold

Aus Feingold 1000/000 lässt sich keine funktionstüchtige Feder herstellen, da es zu weich ist und beim Gebrauch seine Form verlieren würde.

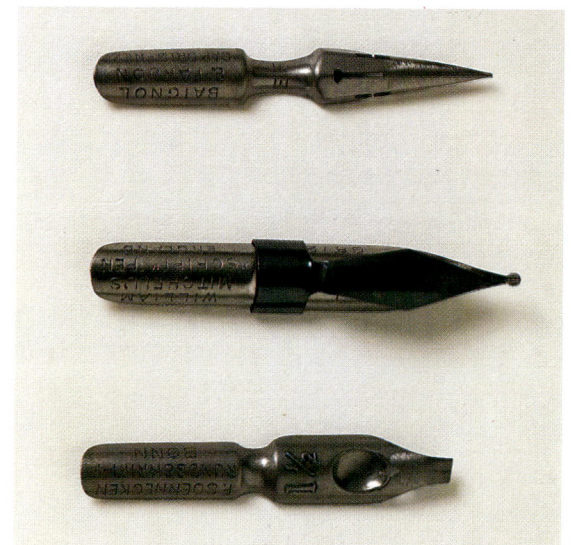

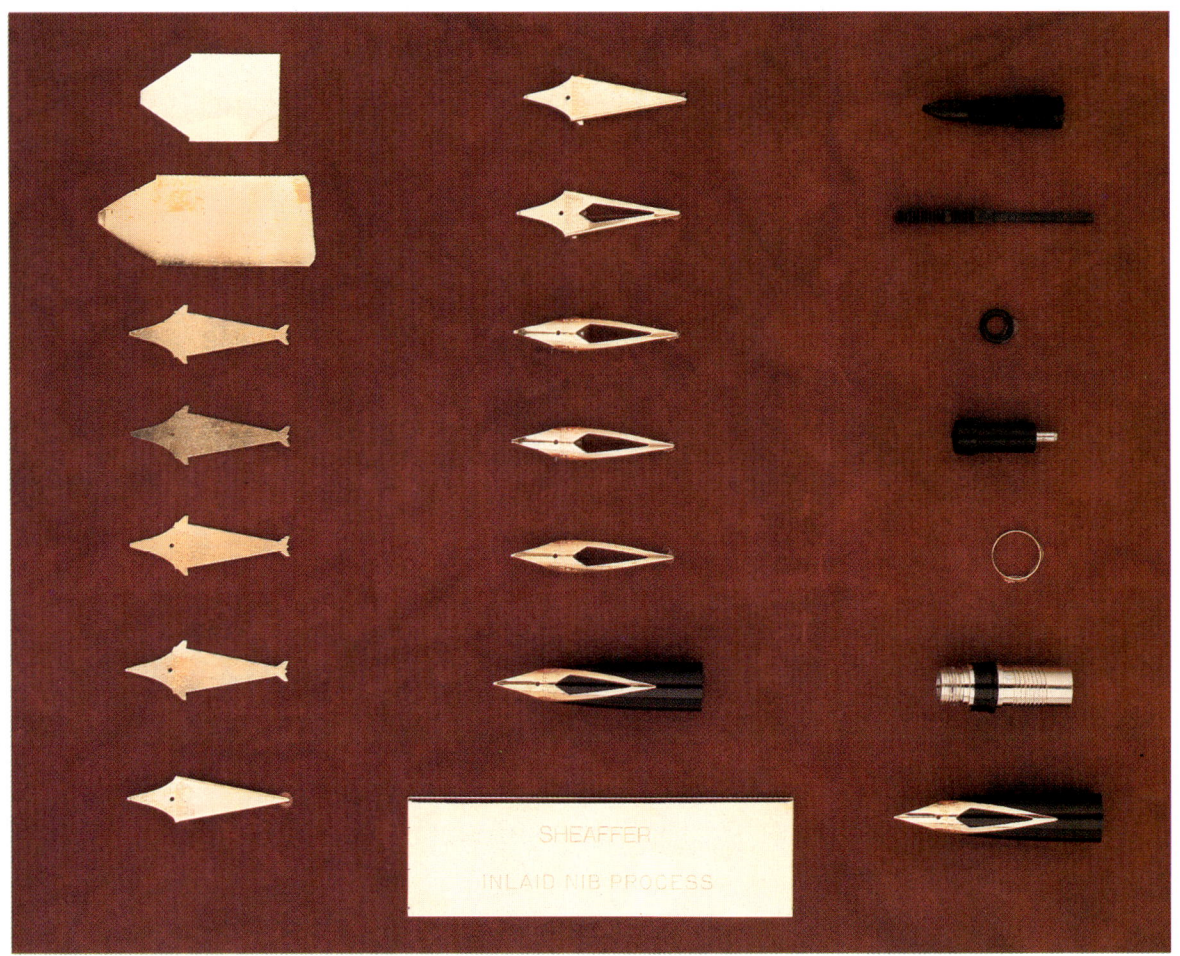

Ziel jeder Legierung ist deshalb, die besten Eigenschaften der Ausgangsmetalle zu vereinigen. Die gebräuchlichsten Legierungen sind:

18K = 750/000 = 75 % Feingold
14K = 585/000 = 58,5 % Feingold
12K = 500/000 = 50 % Feingold
10K = 416/000 = 41,6 % Feingold
 8K = 333/000 = 33,3 % Feingold

Mit sinkendem Feingoldgehalt fällt die Korrosionsbeständigkeit und steigt die Stabilität der Legierung.

Ablauf der Herstellung einer Goldfeder von Sheaffer Pen, oben links beginnend.

Gelbgold: 18K = 75 % Feingold, 12,5 % Feinsilber, 12,5 % Kupfer
Rotgold: 18K = 75 % Feingold, 12,5 % Feinsilber, ca. 17 % Kupfer
Weissgold: 18K = 75 % Feingold, 25 % Nickel oder Palladium (wird jedoch zur Federherstellung nicht verwendet).

Silber

Wie bei Feingold lässt sich Feinsilber 1000/000 nicht als gebrauchsfertiger Werkstoff verwenden.

Silberlegierungen:
925/000 = Sterling-Silber
        = 92,5 % Feinsilber, 7,5 % Kupfer
800/000 = 800er-Silber
        = 80 % Feinsilber

Silberlegierungen lassen sich nur schwer zu Federn verarbeiten, da sie im allgemeinen zu weich sind und sehr schnell oxydieren. Bessere Erfolge erzielt man mit Federn aus mit dem Hammer getriebenem Silber.

Edelstahl

Edelstahl ist ein hochwertiger mit einer Chrom-Nickellegierung veredelter Stahl.

Die weiteren Metalllegierungen seien nur noch der Vollständigkeit halber aufgeführt, Federn aus Bronze, Messing und Alpaca scheinen mir ihrer hohen Elastizität wegen nicht sehr sinnvoll.

Bronze = 80 % Kupfer, 20 % Zinn
Messing = 58–70 % Kupfer, Rest Zink
Alpaca = 60 % Kupfer, 18 % Nickel, 22 % Zink

Kupfer

Eine ägyptische Rohrfeder mit kupferner Federspitze aus der Zeit um 4000 v. Chr. zeugt davon, dass sich mit einer kupfernen Feder schreiben lässt. Höchstwahrscheinlich handelte es sich dabei um eine getriebene Feder.

FÜLLFEDERHALTER

Trotz der Perfektionierung der Stahlfeder besass das Schreiben mit Tinte immer noch den jahrtausendealten Nachteil, dass die Feder schon nach wenigen Strichen wieder ins Tintenfass getaucht werden musste.

Schon früh wurde daher das Bedürfnis laut, «eine schon secretfeine Feder zuzurichten, welche Dinten hält». Ein Schreibmeister des 17. Jahrhunderts gibt den Rat, sich zu diesem Zweck aus drei Kielen ein solches Schreibgerät zu schneiden. Aus einem Kiel wird eine Feder zugeschnitten. Mit dem zweiten Kiel wird ein Tintenreservoir geformt. Ein dritter, festerer Kiel dient als Halter. Wenn alle Teile richtig zusammenpassen, fliesst beim Schreiben schon bei leichtem Druck durch ein feines Löchlein im Reservoir Tinte zur Feder.

In dem «Journal d'un voyage à Paris en 1657–1658» von Fougère (Paris 1862) wird ein Gerät mit ähnlichen Vorzügen beschrieben:

Wir sahen einen Menschen, der eine wunderbare Erfindung gemacht hatte, um bequem zu schreiben. Wenn seine Erfindung bekannt sein wird, wird sie ihn in kurzer Zeit reich machen, denn es wird niemand geben, der dies nicht haben möchte. Wir haben ihm natürlich auch einige Stück bestellt. Er verkauft sie zu 10 Franks und zu 12 Franks an solche, von denen er weiss, dass sie eine solche stark begehren. Er macht Federn aus Silber, die er mit Tinte füllt, die nicht trocknet, und ohne Tinte zu nehmen, kann man in einem Stück eine halbe Hand breit Papier beschreiben.

Die Grundidee bei diesem neuen Schreibgerät, dem Füllfederhalter, ist, Tinte aus dem Schaft direkt an die Feder abzugeben. Das beim Schreiben bis anhin störende Unterbrechen und neu Eintauchen der Feder fällt damit weg.

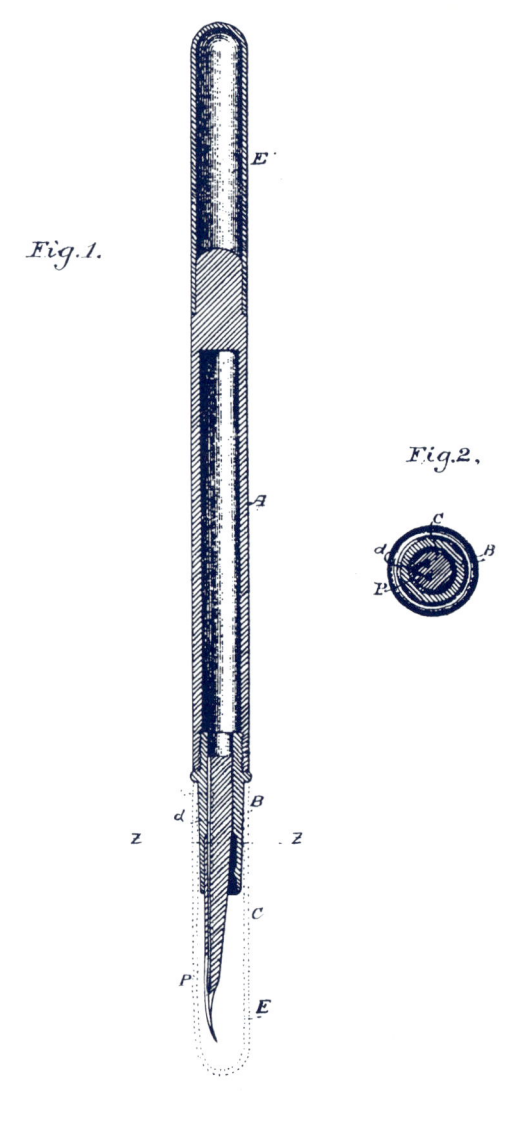

Fig.1.

Fig.2.

Der Füllfederhalter, der aus verschiedenen Materialien, wie zum Beispiel Metall oder Holz, hergestellt sein kann, setzt sich aus wenigen Teilen zusammen, nämlich der Feder, dem Ansatz oder Griffstück mit integriertem Tintenleitsystem, dem Tintenbehälter und einer Kappe zum Schutz der Feder. Diese Teile sind mit Gewinden oder Gelenken untereinander verbunden.

Eine der ersten Erfindungen auf diesem Gebiet wurde von Frederick Bartholomen Foelsch 1809 in England gemacht. Weiterentwicklungen und Verbesserungen kamen von John Sheffer 1819, Hoyau 1821 und Paradier 1822.

Der entscheidende Schritt gelang 1883 Lewis Edison Waterman in New York. Er war es, der die Wirkung der Kapillarität erkannte. Er konstruierte einen Füllhalter mit einer Goldfeder, dessen Tintenleitsystem fein genug war, um die Tinte reguliert der Feder zuzuführen. Auf dieser revolutionären Erfindung, dem «Waterman Regular», der am 12. Februar 1884 patentiert wurde, beruhen noch heute alle Füllfederhalter. Die Bemühungen um weitere Verbesserungen in der folgenden Zeit betrafen, neben der äusseren Gestaltung von Form und Design, vor allem die Spitze, die Feder.

Edward Johnston schreibt in seinem 1906 erschienenen Buch «Kunst und Zierschrift»: «Eine Goldfeder ist vermutlich der beste Ersatz für die Kielfeder und wenn es möglich wäre, eine Goldfeder mit scharfer, meisselförmiger Iridiumspitze herzustellen, dürfte dies die praktischste Federform sein.» Offensichtlich besteht auch 80 Jahre nach der Niederschrift dieser Zeilen nur bedingt die Möglichkeit, eine solche Spitze herzustellen. Nicht Gold, nicht Platin kann die Elastizität der von Hand geschnittenen Gänsefeder ersetzen.

Der am 12. Februar 1884 patentierte «Waterman Regular».
A Schaft mit Tintenreservoir – B Vorderteil –
E Kappe zum Schutz der Feder – C Luftzufuhr –
P Feder 14 Karat Gold – d Kapillarkanäle –
Z Ort des Querschnitts in Fig. 2.

Kalligraphie Füllfederhalter

Eine kleine Auswahl

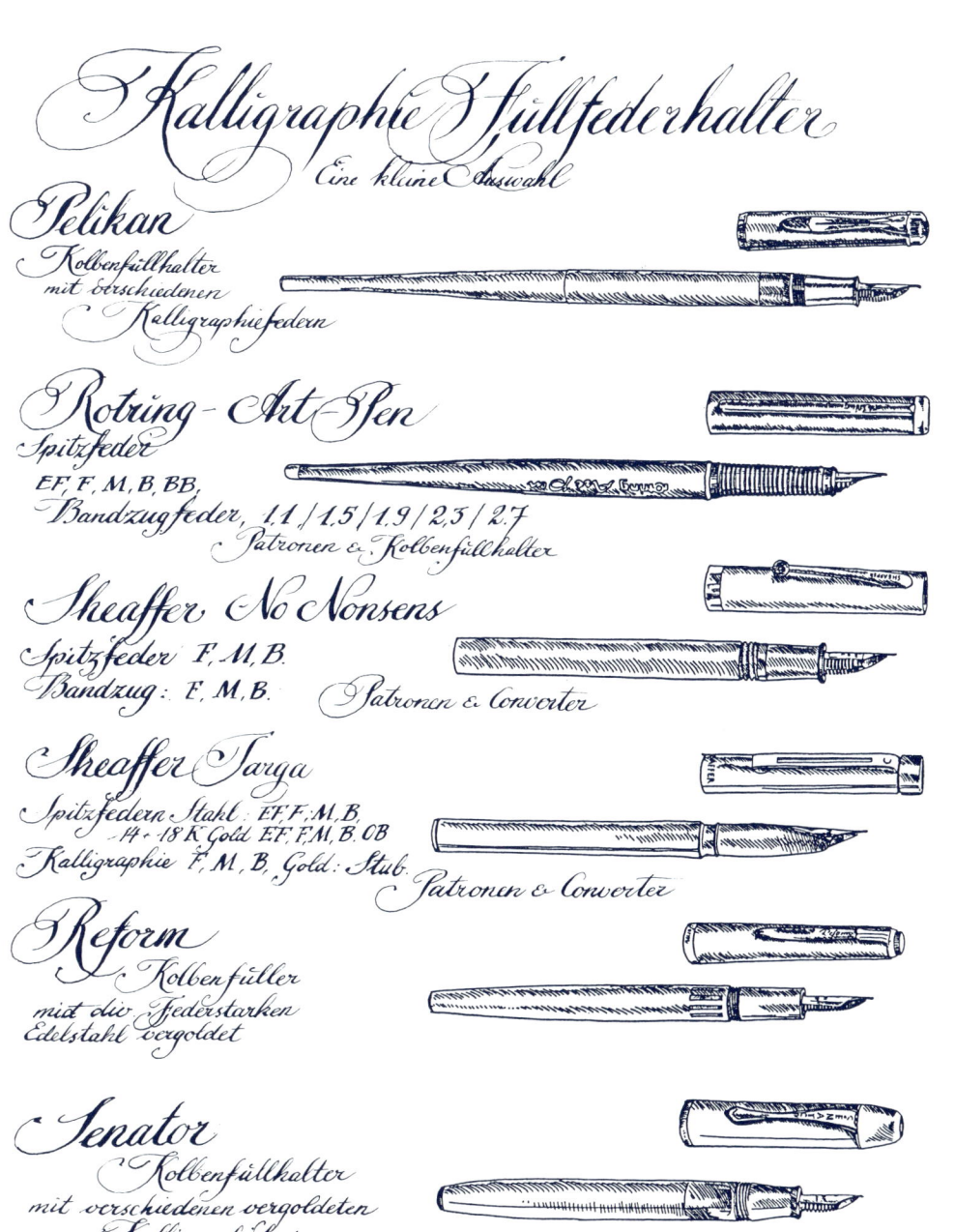

Pelikan
Kolbenfüllhalter
mit verschiedenen
Kalligraphiefedern

Rotring - Art Pen
Spitzfeder
EF, F, M, B, BB,
Bandzugfeder, 1,1 / 1,5 / 1,9 / 2,3 / 2,7
Patronen & Kolbenfüllhalter

Sheaffer No Nonsens
Spitzfeder F, M, B.
Bandzug: F, M, B.   Patronen & Converter

Sheaffer Targa
Spitzfedern Stahl: EF, F, M, B.
14 - 18 K Gold EF, F, M, B, OB
Kalligraphie F, M, B, Gold: Stub.   Patronen & Converter

Reform
Kolbenfüller
mit div. Federstärken
Edelstahl vergoldet

Senator
Kolbenfüllhalter
mit verschiedenen vergoldeten
Kalligraphiefedern

Trotz der Weiterentwicklungen und Verbesserungen seit der Erfindung von Waterman war es für die Hersteller von Füllfederhaltern sicher nicht leicht, sich auf dem Nachkriegsmarkt angesichts der zunehmenden Flut von Kugelschreibern, Filzstiften und Rollerballs zu behaupten. Die elastischen Goldfedern waren nicht mehr gefragt, geschweige denn Kolbenfüller, Patronen, starre Goldfedern mit Iridiumkugelspitzen. Der Füllfederhalter musste dieselben Leistungen wie der Kugelschreiber erbringen, so auch die damals notwendigen Durchschläge mit Kohlepapier ebenso ermöglichen wie sein kleiner Bruder mit der rollenden Kugelspitze. Im Zuge dieser Entwicklung blieben einige Hersteller von Federn auf der Strecke. Übrig blieben die ganz grossen, heute fast vollautomatisierten Unternehmen.

Mit dem Beginn des Kalligraphiebooms in Amerika wurde dann mancher Füllfederhersteller wieder aus dem Dornröschenschlaf geweckt. Seit Anfang der achtziger Jahre gilt die Füllfeder wieder als «in», und es gehört heute zu einem gepflegten Auftreten, mit einem dieser edlen Stücke die Brusttasche zu zieren.

Doch was steckt hinter dieser Wende? Ist es eine Rückbesinnung auf fast verlorene Werte einer gepflegten Handschrift oder etwa ein gross angelegter Werbefeldzug aus einem plötzlich selbstbewusst gewordenen Wirtschaftszweig?

Erstaunlicherweise begann die Nachfrage nach edleren Schreibgeräten parallel zum Aufkommen der Personal Computer und Textverarbeitungssysteme. Unter dem Eindruck der zunehmend um sich greifenden Uniformität aller Schriftdokumente ist es nur natürlich, dass der Schrei nach Persönlichkeit plötzlich laut wurde. Eine Rückbesinnung auf die alten, bleibenden Werte setzte ein.

Damit die Füllfeder aber nicht zum reinen Modeartikel verkommt, sondern einen tatsächlichen Gewinn an Schreibkomfort und einen Ausdruck innerer Werte ermöglichen kann, sind bei der Auswahl einige Punkte zu beachten. In erster Linie sollten die technische Leistung und der Preis des Schreibgeräts in einem vernünftigen Verhältnis stehen. Insbesondere sollte der Füllhalter über eine Feder verfügen, die ihrem Material entsprechend verarbeitet wurde. Sicher sollte er auch von der äusseren Erscheinung unserem Wesen gerecht werden, wobei der Designername aber für die Qualität des Produkts und den Schreibkomfort ohne grosse Bedeutung ist. Es gibt auch unzählige sogenannte Kalligraphiefedern, die zur Ausübung der Kalligraphie völlig ungeeignet sind. Lassen Sie sich deshalb gut beraten und befragen Sie das Fachpersonal über die Vorzüge und Nachteile einer Feder.

Wie sieht es mit dem Füllhalter im heutigen Fachhandel aus? Unter den heute im Fachhandel erhältlichen Füllfedern sind vielleicht zwei Markenhalter zu finden, die nicht aufgrund ihres Namens, sondern aufgrund ihrer altbewährten Herstellung von Schreibgeräten eine Empfehlung verdienen. Es handelt sich hier um Goldfedern, die aufgrund ihrer Verarbeitung und Fassung ein Optimum an Elastizität zulassen, ohne dabei an Fliesskraft einzubüssen oder gar zu brechen. Eine Auswahl an Federstärken lässt nach geduldigen Schreibproben die Feder mit der entsprechenden Strichdicke finden. Die Erfahrung der Ergonomie eines Füllhalters, des richtigen Verhältnisses von Dicke und Gewicht zur Hand des Schreibenden, lässt das Schreiben erst zum wirklichen Erlebnis werden. Bei den heutigen Kalligraphiefedern finden wir alles, was das Herz begehrt oder eben auch nicht

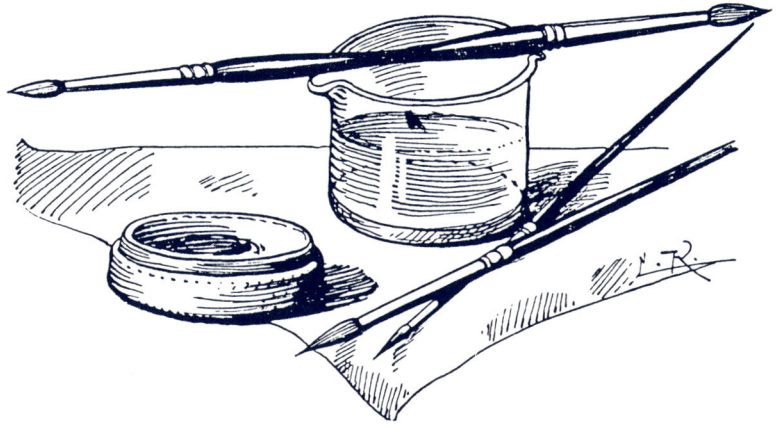

begehrt, von harten, unhandlichen, an übermässigem Tintenfluss leidenden Haltern bis zu den in grosser Anzahl angebotenen Federspitzen mit leider etwas schlecht fliessendem Tintenhalter.

Ein Kalligraphiefederhalter sollte einen feinen, hauchdünnen waagrechten Strich zulassen und beim dicken Abstrich nicht ausfransen.

Nicht nur bei der Auswahl des richtigen Schreibwerkzeuges kommt die Persönlichkeit zum Zuge, auch in seiner Anwendung sind kreativen Ideen und persönlichen Vorlieben keine Grenzen gesetzt. Dazu seien nur zwei Beispiele genannt: Patronenfüllhalter sind ein reizvolles Experimentierwerkzeug. Ein Text, der mit blauer Tintenpatrone begonnen wurde, wechselt durch einfaches Einlegen einer roten Patrone langsam die Textfarbe von blau über violett ins Rot. Ganze Textbilder oder buntfarbige Briefe bekommen auf diese Weise eine reizvolle Wirkung.

Eine weitere Anwendung mit einer besonderen persönlichen Note ist, Telefaxmitteilungen mit dem Füllfederhalter zu verfassen. Eine handgeschriebene und anschliessend gefaxte Mitteilung erfreut gewiss jeden Empfänger...

PINSEL

Zu einem Pinsel gefasste Haare liegen nie ganz dicht aneinander, sondern lassen feine Hohlräume entstehen, die dann die Kapillarwirkung ermöglichen, das heisst, wird der Pinsel in Flüssigkeit getaucht, steigt diese in den engen Hohlräumen nach oben.

Unter den meist schwer verständlichen Fachausdrücken und Qualitätsbezeichnungen von Pinseln ist es oft sehr schwer, das für unsere Arbeiten geeignete Material zu finden. Die teuersten und wertvollsten Pinselhaare stammen vom Schweif des sibirischen Rotmarders, des sogenannten Kolinski- oder Tobolski-Rotmarders. Die Pinselhaare anderer Marderarten, wie die des goldroten asiatischen Wiesels, sind weniger elastisch und fein und sind zur Hälfte des Preises zu haben. Der Qualitätsbegriff «Kolinski» wird oft recht grosszügig gehandhabt und auch auf minderwertigere Marderhaare angewendet. Namhafte Pinselhersteller verfügen in der Regel über Pinselhaare erster Qualität und bürgen mit ihrem Namen auch für die angegebene Qualität. Doch nützt uns der teuerste und beste Pinsel nichts, wenn er nicht dem Zweck entsprechend ausgewählt und gepflegt ist.

Beim Kauf des Pinsels sollte dieser zur Prüfung so in klares Wasser getaucht werden, dass er im Wasser aufquillt und der Haarkörper aus seiner ursprünglich spitzen in eine eher bauchige Form übergeht. Mit einer kräftigen und schnellen Drehung der Hand wird das Wasser so aus dem vollgesaugten Pinsel geschleudert, dass der Pinselkörper wiederum die ursprüngliche spitze Form annimmt, ohne dass dabei die Hand zu Hilfe genommen werden muss.

Laufen nun die Haare bei einer näheren Betrachtung überlappend in ein Haar aus, ohne dass auch nur eines davon absteht, handelt es sich um eine gute Qualität, die auch ohne weiteres ihren Preis haben darf. Pinsel können auch, was oft zu wenig beachtet wird, von allerlei Milben und Motten befallen werden, die vor allem über Vogelfedern ins Atelier gelangen können. Deshalb ist es empfehlenswert, die Pinsel bei Nichtgebrauch in einem geschlossenen Behälter mit einigen Mottenkugeln oder etwas Kampfer aufzubewahren.

PFLEGE DER PINSEL

Die Farben werden immer mit Wasser aus dem Pinselkörper gewaschen. Beim Auswaschen soll der Pinselkörper gut durchgerieben werden, so dass sich die Pigmentrückstände, die sich mit Vorliebe am Zwingenrand ansetzen, gelöst werden. Falls die Verwendung von Seife notwendig ist, sollte darauf geachtet werden, dass diese nicht zu stark entfettend auf die Haare wirkt. Kernseife, so lange mit warmem Wasser angewendet, bis sich weisser Schaum bildet, erlaubt ein schonendes Auswaschen.

Anschliessend streift man den Pinsel mit einem seidenen Lappen ab und bringt ihn mit den Fingern, welche man an der eigenen Nase reibt, um so etwas Talg aufzunehmen, in seine ursprüngliche Form zurück. Dieses Dressieren des Pinsels braucht etwas Fingerspitzengefühl, doch macht es sich durch die lange Haltbarkeit des Pinsels bezahlt.

Ein Pinsel sollte nicht zu schnell getrocknet werden, da sonst das Haar an Geschmeidigkeit verliert.

Unsorgfältig gereinigte Pinsel zeigen schon nach kurzer Zeit gespreizte Haare, da Farbrückstände den Pinselkörper verstopfen, was schlussendlich zu einem Abbrechen der Haare am Zwingenrand führt.

ROTMARDERHAARE

Die goldfarbigen, seidenglänzenden Schweifhaare des sibirischen Kolinski-, Amur- oder Tobolski-Marders, die an ihrer Haarspitze einen feinen, weissen Flaum aufweisen, werden in erster Linie zur Herstellung von allerfeinsten Aquarell- und Retuschierpinseln verwendet. Der Preis richtet sich hier in erster Linie nach der Länge der Haare.

Ein Pinsel mit 24 mm Durchmesser und einer Haarlänge im entsprechenden Verhältnis kommt aufgrund seines seltenen Vorkommens in der Natur auf eine vierstellige Summe zu stehen.

ILTISHAARE

Die ebenfalls zu Aquarellpinseln verarbeiteten russischen oder polnischen Iltisschweifhaare sind an den Haarspitzen schwarzbraun, im mittleren Teil meliert und an ihrer Wurzel grau bis weiss.

RINDSHAARE

Das weisse Haar vom Ohrenrand der Alpenrinder wird oft zur Rotmarder-Imitation eingefärbt. Dieses schwarz bis hellbraune Haar mit seiner kräftigen Elastizität und fein ausgebildeter Spitze wird zu Aquarell- und Schreibpinseln und ebenso zu Plakatpinseln verarbeitet.

PONYHAARE

Die braunen Ponyhaare, die nur eine geringe Elastizität besitzen, werden für einfache und billige Schulpinsel verwendet. Dazu werden die Fesselhaare des japanischen Ponys verwendet, die vielfach fälschlicherweise auch als Kamelhaare bezeichnet werden.

FEHHAARE

Die braun bis blau melierten Schweifhaare des kanadischen Eichhörnchens eignen sich dank ihrer guten Elastizität für preisgünstige Aquarellpinsel aller Grössen. Die blau-grauen Fehhaare sind sehr geschmeidig und haben eine fein ausgebildete Spitze. Sie eignen sich daher gut für Aquarellpinsel, in erster Linie aber für Vergolder-Anschiesspinsel.

Die an der Spitze rotbraun getönten, sonst aber grau melierten Kazan Fehhaare mit der feinsten Pinselhaarstruktur eignen sich vornehmlich für die Porzellanmalerei und können auch bei Verwendung gröberer Pigmente gute Verwendung finden.

SCHREIBSTOFFE

Die ursprünglich umfassendere Bezeichnung Tinte leitet sich aus dem lateinischen «tingere» für färben, verwandt mit dem italienischen «tinta» für Farbe, ab. Die ältere Bezeichnung «encaustrum» stammt vom Kochvorgang der frühesten metallischen Tinten her. Die älteste Form der Tinte dürfte wohl die «Russtinte» sein, deren Erfindung dem Chinesen Tien-Tschen aus der Zeit der Houang Dynastie (2697–2597 v. Chr.) zuzuschreiben ist.

Einleitend sollten wir zuerst Tinten und Tuschen in ihrer Eigenschaft unterscheiden.

TUSCHE

Die Tusche, ursprünglich eine Russtinte, besteht meistens aus dem Russ von verschiedenartigen Ölen, Gummi, Fischleim usw.

Die nach der Form ihrer Aufbewahrung benannte chinesische Stangen- oder Flaschentusche wird heute noch sorgsam aus Sesamöl und Leimwasser hergestellt und anschliessend mit Moschus oder Kampfer parfümiert. Es gibt viele verschiedene chinesische Stangentuschen, die sich anhand der mit Gold aufgetragenen Zeichen, Drachen oder sonstige Figuren, in ihrer Qualität unterscheiden lassen. Die besonders hochwertigen Sorten enthalten in ihrem Innern eine echte kleine Perle, daher die Bezeichnung Perlentusche.

Beim Aufmalen der Russtinte auf die Pergament- oder Papieroberfläche legen sich die Russpartikel auf die jeweiligen Fasern und werden mit dem beigefügten Bindemittel an diesen festgeklebt. Der Vorteil dieser Tusche liegt in ihrer absoluten Lichtbeständigkeit, jedoch ist der darin enthaltene Gummi latent feuchtigkeitsempfindlich.

Tusche, eine eher dem Morgenland entsprechende Schreibflüssigkeit, eignet sich in ihrem Schreibkomfort nicht besonders zum Schreiben mit der Feder. Sie entwickelt ihre vollen Möglichkeiten erst beim Schreiben und Malen mit dem Pinsel oder der Rohrfeder auf weniger gut geleimten Papieren und lässt sich nach dem Trocknen auch leicht, ohne zu verwischen, übermalen.

Zubereitung einer chinesischen Tusche

Petroleum oder gereinigtes Terpentinöl wird in Lampen mit geringer Luftzufuhr verbrannt. Der dadurch entstehende Qualm wird durch ein leicht ansteigend angebrachtes, mindestens 30 m langes Zinkrohr geleitet. Der Russ, der sich am weitesten entfernt von der Lampe ablagert, ist durch seine feine Verteilung und seine Reinheit am besten zur Herstellung von Tusche geeignet. Da auch dieser Russ noch gewisse Teerstoffe enthält, wird er in einer grossen Porzellanschale mit Hilfe eines Porzellanstössels mit so viel Salpetersäure ver-

Oben: Verschiedene Tuschestangen. Kleinere
stehend (-o-) 1. Qualität, grosse stehend (=o-)
2. Qualität, beide mit eingelegter Perle. Unten
liegend: Tusche, Anreibstein, Kalligraphiepinsel,
frische Sepia (Tintenfisch) und getrocknete
Tintenblasen der Sepia.

rührt, dass sich ein dicker Belag bildet, den
man mit etwas Quellwasser verdünnt. Die
Schale wird nun vorsichtig so weit erhitzt, bis
sich dicke, saure Dämpfe von Salpetersäure
entwickeln. Hierauf verdünnt man die Masse
wiederum mit Quellwasser, lässt sie sich absetzen und zieht die saure Flüssigkeit ab. Dieser Vorgang wird zur Entfernung der noch
anhaftenden Säure nochmals wiederholt. Die
ausgewaschene Kohle kocht man anschliessend eine halbe Stunde mit starker Ätznatron-
lauge, welche die vollständige Zerstörung al-

ler Teerstoffe bewirkt. Eine chemisch beinahe reine Kohle erhält man durch anschliessendes mehrmaliges Auswaschen der Kohlerückstände (wie oben nach dem Vorgang des Säuerns beschrieben).

In einem gedeckten Gefäss wird die Kohle über dem Feuer fast vollständig ausgetrocknet, danach mit einer klaren Gummilösung durchsetzt und so lange eingedickt, bis beim Erkalten ein ganz hart werdender Teig entsteht. Dann nimmt man die Schale vom Feuer und rührt eine kleine Menge in starkem Weingeist aufgelöstes Moschusöl in die Kohlemasse und lässt sie trocknen. Sobald sich darin feine Risse bilden, presst man die Kohlemasse in metallenen Formen, die auf der Innenseite Schriftzeichen tragen können, zu vierkantigen Stangen und lässt diese an der Luft vollständig trocknen. Zur Vollendung füllt man allfällige Risse mit Tuschemasse aus und überzieht die Stangen ganz oder teilweise mit Blattgold.

Anstelle von Petroleum oder Terpentinöl können natürlich auch minderwertigere oder hochwertigere Öle wie Sesamöl verwendet werden.

TINTEN

Im Gegensatz zur Tusche saugt sich Tinte in die Papier- oder Pergamentfasern ein und färbt sie in dieser Weise. Sie ist somit mit dem Beschreibstoff fest verbunden. Tinten, insbesondere die metallischen, eignen sich zum Schreiben mit der Kiel- bzw. Stahlfeder in vorzüglicher Weise.

Seit frühbyzantinischer Zeit kennt man Eisengallustinte (früher Encaustrum genannt), eine metallische Tinte, die an ihrem rostbraunen Schimmer leicht zu erkennen ist. Diese anfänglich schwarze Tinte besteht meistens aus Eisenvitriol (Eisensulfat), Galläpfelabsud, Gummi arabicum sowie Wein oder Wasser.

Beim entsprechenden Mischen dieser Stoffe geht das Eisen(II)-sulfat mit der Gerbsäure des Galläpfelabsuds langsam in ein Eisen(III)-sulfat über. Die Eisenteilchen sind nun als kleinste feste Teilchen mit der Flüssigkeit verbunden und setzen sich allmählich am Boden des Gefässes ab. Das zugesetzte Gummi arabicum hat darauf die Aufgabe, diese kleinsten Eisenpartikelchen in der Schwebe zu halten. Erfahrungsgemäss bildet sich trotz Zusatz von Gummi arabicum immer wieder Satz im Tintenfass, der mittels eines kleinen Holzstäbchens, wie es zu jedem Tintengeschirr gehört, gelegentlich aufgerührt wird.

Der chemische Vorgang bei Verwendung einer solchen Tinte besteht also darin, dass eine schon einmal oxidierte Mischung auf dem Papier unter Einwirkung der Luft nochmals oxydiert und sich fest mit dem Papier verbindet.

Um eine solche Tintenmischung unmittelbar verwenden zu können, ist die sonst leicht wässrige Tinte mit einer nicht lichtechten Farbe, z. B. Amidoschwarz, zu tönen, was sich im Endeffekt auf Qualität und Aussehen des Dokumentes nicht weiter auswirkt. Vorsicht ist hingegen geboten, wenn über eine Zeichnung mit Eisengallustinte Aquarellfarbe aufgetragen werden soll. Dabei ist so lange zu warten, bis die Tinte oxidiert hat, in der Regel 1 bis 3 Tage, und dann beim Malen sorgfältig, ohne einen Pinselstrich zu wiederholen, zügig über die Tinte zu fahren.

Die Galläpfeltinte übertrifft hinsichtlich ihrer Fliesseigenschaft alle anderen Tinten und Tuschen bei weitem. Kaum eine andere Schreibflüssigkeit hält so lange an der Feder, ohne zu tropfen.

Links oben: Rohes Gummi arabicum, unten:
Eisengallustinte. In den Schalen: oben pulverisierte
Galläpfel, unten Eisensulfat. Rechts oben:
Eichenlaub mit Gallapfel, unten: Gallapfel.

Eine mit genügend Gummi arabicum durchmengte Tinte reisst auch beim Auseinanderspreizen der beiden Füsse der Spitzfeder unter Druck nicht aus; zuviel Gummi arabicum bewirkt, dass die Tinte nicht mehr von der Feder fliesst. Es lassen sich ohne grössere Probleme Materialien beschreiben, bei denen andere Tinten und Tuschen anstelle von feinen Linien Tropfen bilden, da sie auf dem Material nicht haften können. Galläpfeltinte zeigt ihre vorzüglichen Eigenschaften besonders auf Ziegen- und Kalbspergamenten.

Die Tinte sollte nach Möglichkeit immer unverschlossen im Tintenfass aufbewahrt und, was verdunstet, durch neue ersetzt werden. Auch sollte des öftern der Bodensatz aufgerührt und der Inhalt von Staub und sonstigem Unrat gereinigt werden, dies nicht zuletzt dazu, dass die Tinte schon im Fass durch den Kontakt mit der Luft anoxydiert, was beim Schreiben von Dokumenten von Vorteil ist.

Flecken von Galläpfeltinte lassen sich schlecht entfernen. Es gibt kaum ein chemisches Mittel, das die Tinte entfernt, ohne auf dem Pergament oder dem Papier Schaden anzurichten.

Auf Pergament ist ein Flecken am besten mit einem Schreibmaschinen-Tintenradiergummi zu entfernen, da dieser den Untergrund am wenigsten verletzt. In Mitleidenschaft gezogene brauchbare Schriftzüge müssen nachgezogen werden. Anschliessend soll die radierte und neu beschriftete Stelle nach vollständigem Austrocknen der Tinte mit Nasentalg, den man durch Reiben am Nasenflügel gewinnt, wieder im Farbton und Glanz der Umgebung angeglichen werden. Auf dem Papier ist eine Korrektur nur mit dem Skalpell möglich. Die fehlerhafte Stelle wird zu diesem Zweck überschrieben, trocknen gelassen und anschliessend die noch sichtbaren fehlerhaften Schriftzüge mit dem Skalpell fein umfahren. Durch leichtes Anzupfen einer Ecke der zu entfernenden Stelle wird das Papier gespalten bzw. die oberste Schicht des Papiers an der fehlerhaften Stelle entfernt.

Es ist für ungeübte Hände nicht unbedingt ratsam, Fehler durch Schaben mit einem Messer zu entfernen, zumal sich an solchen geschabten Stellen aufgrund der entfernten Papierleimung kein neuer Buchstabe anbringen lässt. Auf Druckvorlagen lässt sich Galläpfeltinte mit Tipp-Ex flüssig nicht dauerhaft übermalen; zur Korrektur für die Reproduktion genügt es jedoch vollends.

Galläpfeltinte hat eine 100%ige Lichtechtheit. Man schreibt damit also sozusagen für die Ewigkeit.

Durch das Radieren der mit Bleistift gezogenen Vorlinierung verliert die Galläpfeltinte etwas von ihrem bestechenden schwarzen Seidenglanz, der besonders auf Pergament seine volle Wirkung entfaltet. Er kommt jedoch allmählich wieder zum Vorschein.

Nach Jahren bekommt der geschriebene Text eine sichtbare rostbraune «Aura», die sich nach Jahrhunderten über die ganze Schrift zieht.

GALLÄPFELTINTE

Zutaten:

Eisensulfat (Ferrosulfat, Eisenvitriol). Dieses Eisensalz von türkisblauer Farbe ist in jeder Apotheke zu günstigem Preis erhältlich und sollte trocken gelagert werden.

Galläpfel sind durch den Einstich von kleinen Schlupfwespen an jungen Blattknospen, Blättern oder neben den Früchten verschiedenster Eichenarten entstandene krankhafte Auswüchse. Diese sind auch bei uns im Spätsommer zu finden, erfahrungsgemäss in der Nähe von stillen Gewässern, beispielsweise auch an Eichen in Freibädern. Die Gallwespe, die mit ihrem Legestachel die Eier im Frühling in die noch jungen Pflanzenteile legt, bewirkt bei der Eiche einen vermehrten Saftfluss (Gerbstoffe) an dieser Stelle. Durch die Bildung neuer Zellen wird die krankhafte Stelle vom unverletzten Zellgewebe der Eiche getrennt. In den dadurch entstandenen Auswüchsen, den sogenannten Galläpfeln,

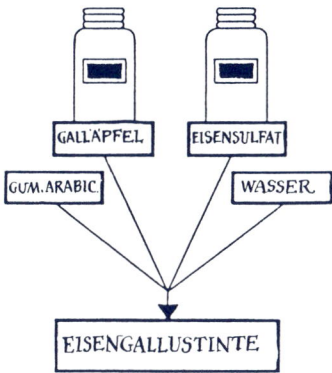

bilden sich die Eier zu Larven heran, um schliesslich als Insekten die Apfelwand zu durchbrechen und auszuschlüpfen.

Werden die Galläpfel vor dem Ausschlüpfen der Wespen geerntet, so erhält man unbeschädigte schwarze oder grüne Exemplare, nach dem Ausschlüpfen braune, gelbe oder weisse Galläpfel.

In der Apotheke bekommt man bereits gepulverte oder auf Verlangen ganze Galläpfel.

Gummi arabicum. Der aus der Rinde von Nadelbäumen ausgeschiedene Stoff, das Harz, ist nicht wasserlöslich. Gummi arabicum wird jene wasserlösliche, arabinhaltige Flüssigkeit genannt, die aus den tropischen Akazienarten Nordafrikas gewonnen wird. Es ist in kugeligen, blassgelben bis bräunlichgelben Stücken oder gepulvert in Drogerien und Apotheken erhältlich.

Kirsch-, Pfirsich-, Aprikosen- und Pflaumengummi sind ebensogut verwendbar. Der natürliche Gummifluss an europäischen Steinobstbäumen kann, von der Rinde gesammelt, getrocknet und anschliessend pulverisiert, die gleichen Dienste wie Gummi arabicum leisten.

Da diese Gummiarten oft mit Schmutz und Rindenstücken durchsetzt sind, lösen wir über Nacht 1 Teil Gummi in 2 Teilen Wasser.

Der sämige Gummischleim wird erwärmt und leicht durch einen abgebundenen Nylonstrumpf gepresst, anschliessend nach Bedarf wieder eingedickt und getrocknet. Gummilösungen neigen zum Säuern; dies kann verhindert werden, indem wir 6 g Borax in 125 ccm heissem Wasser lösen und mit einem Liter Gummilösung mischen.

Wein. Die Beimischung von etwas Rotwein zur Tinte lässt diese dank der guten Oberflächenspannung des Weins leichter von der Feder fliessen und schützt darüber hinaus vor Schimmelbefall. Der Wein sollte aber erst ganz am Schluss zugefügt werden.

Regenwasser. In alten Rezepten wird immer wieder auf das Regenwasser hingewiesen, doch würde ich in Anbetracht der heutigen Luftverschmutzung davon besser absehen.

Die besten Resultate in puncto Fliesseigenschaft und Elastizität erzielt man mit frischem Quellwasser oder mit ungesäuertem Mineralwasser, das in einem Zinngefäss aufbewahrt wird.

Zubereitung:

160 Teile Galläpfel
160 Teile Wasser

Die Galläpfel werden grob gepulvert, mit dem Wasser vermengt und in einem Gefäss bei 20–25 °C 8–10 Tage stehen gelassen, bis das Ganze vollständig von Schimmel durchsetzt ist. Während dieser Zeit rührt man täglich um und ersetzt das verdunstete Wasser. Dann mischt man das Ganze in einem irdenen Gefäss mit 800 Teilen Wasser, 100 Teilen kristallisiertem Eisensulfat, 20 Teilen Gallsäure, 7 Teilen Schwefelsäure, erhitzt alles bis zum Sieden und kocht es eine halbe Stunde. Danach siebt man es durch und kocht den Rückstand nochmals mit 200 Teilen Wasser auf. Nach erneutem Durchsieben stellt man die Tinte 8 Tage an einen kühlen Ort, um sie anschliessend nochmals zu filtrieren. Das Ganze wird mit gekochtem, aber kaltem Wasser auf 1000 Teile ergänzt. Man bewahre diese Tinte gut verkorkt an einem kühlen und dunklen Ort auf.

ALTES REZEPT EINER GALLÄPFELTINTE

60 Teile zerstossene Galläpfel
32 Teile Gummi arabicum
32 Teile Eisensulfat
50 Teile rohen Holzessig
950 Teile Wasser

In einem offenen Gefäss werde die Galläpfel mit der Hälfte des Wassers kalt übergossen. In der anderen Hälfte des Wassers löst man das Eisensulfat, den Gummi arabicum und den Holzessig, mischt alles zu den Galläpfeln und lässt das Ganze, lose bedeckt, unter täglichem Umrühren 6–8 Wochen an der Luft stehen.

Nach einigen weiteren Tagen völliger Ruhe füllt man die Tinte in Flaschen ab. Der Rückstand kann zu einem neuen Tintenansatz mitbenutzt werden.

SEPIA

Dieser natürliche Pigmentfarbstoff, den der Tintenfisch (Sepia officinalis) im Falle einer Gefahr hochkonzentriert auf den Gegner spritzt und damit das Wasser in seiner Umgebung braunschwarz färbt, wurde schon im Altertum als Schreibflüssigkeit verwendet. Der zur Herstellung notwendige Rohstoff ist nicht leicht erhältlich, da die Tintenfische bei uns immer ohne Innereien in den Handel kommen.

Da die Sepia meistens am Fangtag selbst von ihren Innereien befreit wird, sind nicht ausgenommene Fische nur frühmorgens, bevor sie auf den Markt kommen, bei den Fischern einzukaufen. Die Sepia wird auf dem Rücken ausgelegt, so dass der Mund sichtbar ist und vom Mund aus gegen die Rückenspitze mit der Messerschneide nach oben aufgeschnitten, ohne jedoch mit der Messerspitze die Innereien zu verletzen. Sind die Innereien mit dem Mund und dem schildförmigen, durchsichtigen Rückenteil herausgenommen, findet man die perlmutterschimmernde Tintenblase leicht neben dem sich etwas körnig anfühlenden Magen. Diese Blase, einen mit einer schwarzbraunen Paste gefüllten Sack, trennt man vorsichtig, ohne sie zu verletzen, vom Rest. Die Tintenblasen werden mit Nadel und Faden am Blasenausgang durchstochen und mit kleinen Schlaufen versehen, so dass sie, an eine Schnur gehängt, etwa 2–3 Tage an der Sonne getrocknet werden können. Danach entfernt man die feine Haut und zerstösst den Inhalt im Mörser. Mit diesem Pulver lässt sich unter Zugabe von Gummi arabicum und Quellwasser ebensogut malen wie eine schöne braunschwarze Sepiatinte herstellen.

Dazu benötigt man 1 Teil Gummi arabicum auf 3 Teile Sepia, Wasser nach Belieben. Sollte einmal zuviel Wasser beigegeben worden sein, lässt man dieses einfach an einem warmen Ort wieder verdunsten.

Als Konservierungsmittel sind allenfalls ein paar Tropfen Nelkenöl beizugeben.

BISTERTINTE BZW. -TUSCHE

Die seit 1431 bei uns bekannte braune Bister-
tusche war auch für das einfache Volk ohne
grossen Aufwand selbst herstellbar. Den dazu
benötigten Grundstoff bildet Holzruss, wie er
in den oberen Rauchkammern eines Kachel-
ofens zu finden ist.

Dieses gelbbraune Ofenpech wird mit einem Bürstchen sorgfältig aus dem Innern des
Ofens gewischt, gesammelt und dann in heissem Quellwasser im gewünschten Verhältnis
aufgelöst. Diese Tusche bedarf im allgemeinen keiner Bindemittel, doch kann, wenn er-
forderlich, etwas Kirsch- oder Pflaumengummi zugesetzt werden, um die Fliesseigen-
schaften zu verbessern.

«RECEPT, GUTE DINTEN ZU MACHEN»

*Nimm 2 Mass sauber Regenwassser in ein saube-
ren Dintenhafen. Tue darein 18 Lod schwarzen
Gallus, grob gestossen und den Staub davon ge-
siebt. Lass also drei Tag und Nächt stehen. Alsdann
tu darein 8 Lod Vitriol und ein Lod Alaun samt
einem Glas voll Essig und ein Löffel voll Salz.
Rühre es wohl untereinander. Stelle den Hafen
Sommerzeits an die Sonne, im Winter aber auf
einen warmen Ofentritt, vierzehn Tage lang und
alle Tage einmal umgerührt. Gibt eine usbündig
schöne schwarze Dinten.*

(Andreas Behem, Klagenfurt 1716)

1 Mass = 1,67 l   1 Lod = 15,8 g

BLAUHOLZTINTE

Das Blauholz oder Kampescheholz enthält einen in Wasser leicht löslichen Farbstoff, der
sich durch seinen günstigen Preis und seine
Haltbarkeit besonders zur Tintenzubereitung
eignet.

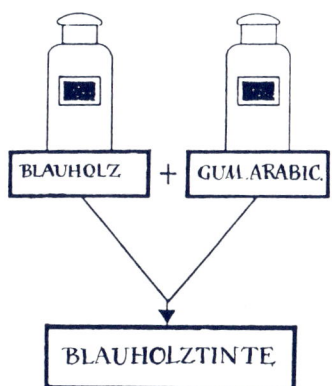

Die in Drogerien zum Färben von Osterei-
ern erhältlichen Blauholzstückchen werden in
einen Leinensack gebunden und in heisses
oder lauwarmes Wasser gehängt. Das Verhältnis sollte 200 g Blauholz auf 1 l Wasser betra-
gen. Zur Verbesserung der Schreibeigenschaft
fügt man dem Auszug noch 15 g Gummi arabicum zu.

Um eine tiefschwarze Tinte zu erhalten,
löst man noch 1 g chromsaures Kalium und
erhält damit eine Blauholzextrakt-Chromtin-
te.

ROSENTINTE

«Schwarze Rosendinte» (1798)

*Man siede in einem Quart Wasser eine Handvoll
frische Rosenblätter ab und filtriere es hernach. In
dieses Wasser werfe man etwas weissen oder grünen
Vitriol. So wird eine schwarze Dinte daraus, die
einer gewöhnlichen schwarzen Dinte nichts nach-
gibt.*

«Rote Rosendinte» (1798)

*Wie oben: dann lässt man einige Tropfen Spiritus
Vitrioli Accidi hineinfallen, so wird die Dinte rot.*

ECHTE GOLDTINTE

Echtes Blattgold wird so lange in einer Porzellanreibschale mit etwas Gummi arabicum verrieben, bis selbst unter der Lupe keine Goldplättchen mehr zu sehen sind, oder man bedient sich eines feinen Pudergoldes. Hierauf setzt man nach und nach gerade so viel Wasser zu, dass man eine dickflüssige Tinte erhält.

Statt Wasser kann auch eine gesättigte Lösung von Pirkinsäure in Wasser verwendet werden, was eine schön gefärbte goldglänzende Tinte ergibt. Die Tinte muss wegen des hohen spezifischen Goldgewichtes immer wieder aufgerührt werden.

GEHEIMTINTEN, SYMPATHETISCHE TINTEN

Diese Tinten haben die Eigenschaft, unsichtbare Schriftzüge zu liefern, welche erst durch eine besondere Behandlung sichtbar werden.

Blaue Geheimtinte

Man schreibt mit einer 10 % Kobaltchloridlösung oder einer Lösung aus 1 Teil Kobaltnitrat (kristallisiertes, salpetersaures Kobaltoxydul) auf 25 Teile destilliertes Wasser. Die Schrift wird durch Erwärmen blau, verschwindet aber beim Erkalten allmählich wieder.

«Eine sympathetische Dinte»

Man nehme 4 Loth gutes Scheidewasser, ½ Loth Galläpfel von den kleinsten und schwärzesten, welche in kleine Stücke zerbrochen werden müssen, und 1 Loth Vitriol. Diese zusammen lasse man in einer Bouteille aus weissem Glas eine Zeit lang im Marienbad kochen, löse dann in ein wenig Regenwasser eine kleine Nuss gross Sal Ammoniaci und arabischen Gummi auf; giesse diese zur ersten Composition. Man schreibe damit nach Belieben auf weisses Papier, und in einer Zeit von 40 Tagen wird die Schrift verschwinden und nicht mehr zum Vorschein kommen.

A: WASSER   B: 10% KOBALTCHLORIDLÖSUNG

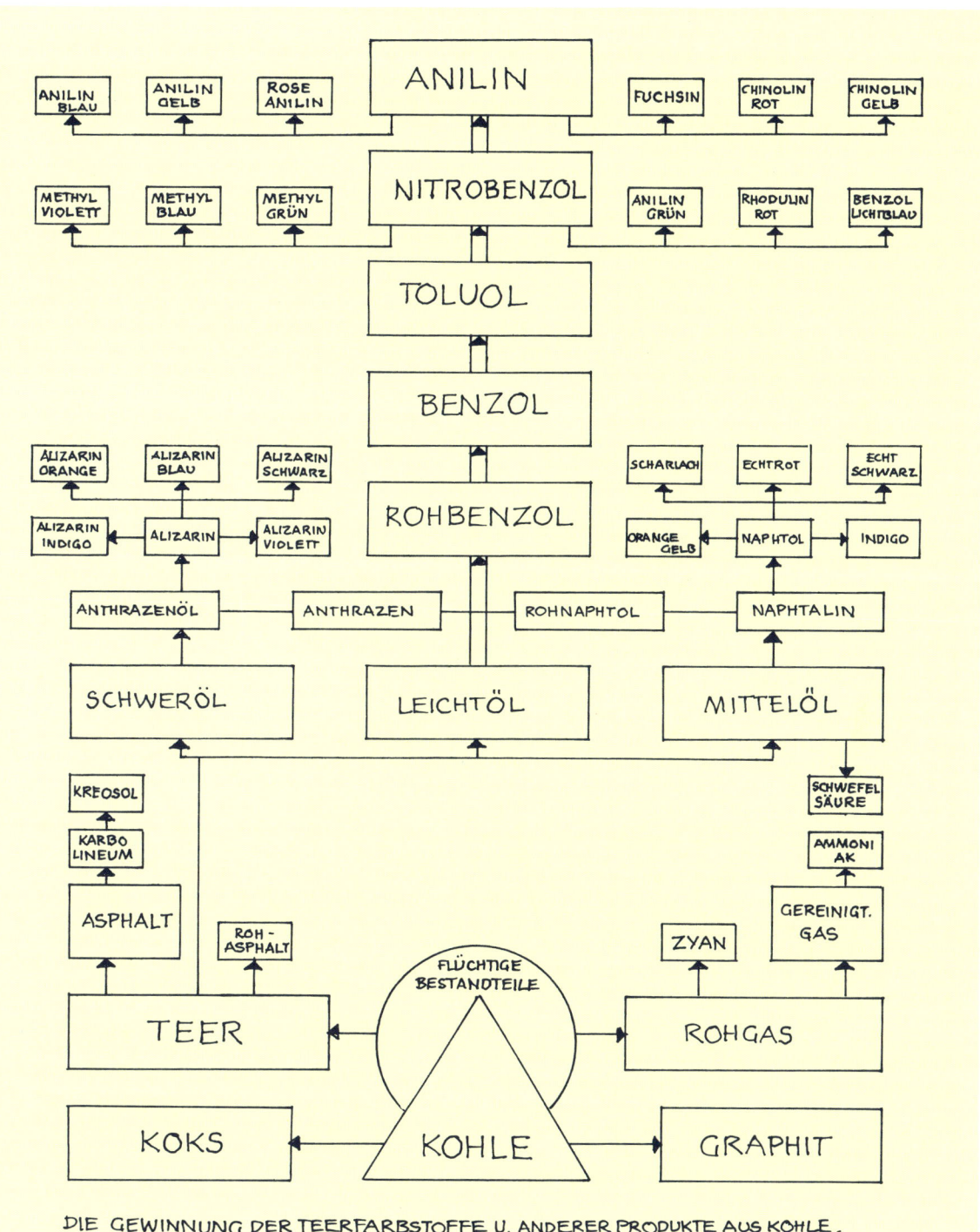

DIE GEWINNUNG DER TEERFARBSTOFFE U. ANDERER PRODUKTE AUS KOHLE.

TEERFARBSTOFFTINTEN

Die Herstellung von Teerfarbstofftinten ist sehr einfach und äusserst billig.

Es lassen sich anstelle der oft sehr umweltbelastenden chemischen Teerfarbstoffe natürliche Farbstoffe zur Zubereitung farbiger Tinten verwenden. Der 1834 von F. F. Runge durch Oxydation aus Steinkohleteer erhaltene schwarze Anilinfarbstoff stand am Beginn einer explosiven Entwicklung und zahlreicher Neuerungen im 20. Jahrhundert. Die Farbenindustrie wurde durch diese Erfindung zu einem bedeutenden Faktor der Wirtschaft.

Aus dem Steinkohleteer werden Schwer-, Mittel- und Leichtöl gewonnen.

Aus dem Schweröl entsteht das Anthrazenöl und daraus die meist recht gut lichtechten Alizarinfarbstoffe.

Aus dem Mittelöl erhält man das Naphtalin und daraus die Naphtolfarbstoffe wie Indigo, Echtrot, Scharlach und Echtschwarz, ebenso Nigriosin, Indulin und Naphtylaminschwarz. Das Leichtöl liefert das Rohbenzol, woraus Benzol und daraus Toluol gewonnen wird. Das aus dem Toluol gewonnene Nitrobenzol ist der Rohstoff für Methylviolett, -blau und -grün und alle Anilinfarbstoffe wie Fuchsin, Rosalin etc., ebenso Alkalibraun, Echtbraun,

Nakarat etc. Alle diese Farbstoffe und viele andere mehr eignen sich jedoch aufgrund ihrer Umweltschädlichkeit, ihrer teils schlechten Lichtechtheit und ihrer Neigung zum Ausbluten kaum als Schreibstoff.

Grundsätzlich werden alle Teerfarbstoffe jeweils mit gleicher Menge Gummi arabicum in einer 100fachen Menge Wasser gelöst.

Aus der Vielzahl von Tinten sei hier nur die Herstellung einer kleinen Auswahl davon näher beschrieben:

Veilchentinte, Violette Tinte

Methylviolett, Anilinviolett unter Beigabe von etwas Veilchenöl.

Man löst 15 g Anilinviolett unter Erwärmen in 100 g Weingeist auf und fügt sodann in kleinen Mengen eine Lösung von 35 g Gummi arabicum in 900 g Wasser hinzu. Sollte sich der Farbstoff pulverig absondern, kann man noch etwas Weingeist zufügen. Das Veilchenöl löst man am besten in Weingeist.

Kaisertinte, Blaue Tinte

Alkaliblau, Methylblau etc.

20 g Anilinblau werden mit 100 g Weingeist verrieben, sodann mit 450 g destilliertem Wasser erwärmt und schliesslich mit 50 g in 450 g destilliertem Wasser gelöstem Gummi arabicum versetzt.

Frühlingstinte, Türkistinte

Methylgrün in entsprechender Verdünnung mit Maiglöckchenöl.

Es werden ca. 8 g wasserlösliches Methylgrün einige Stunden in 30 g kaltem, destilliertem Wasser gelöst, sodann mit 950 g heissem Wasser unter Zugabe von 20 g Zucker und einem Tropfen Maiglöckchenöl versetzt.

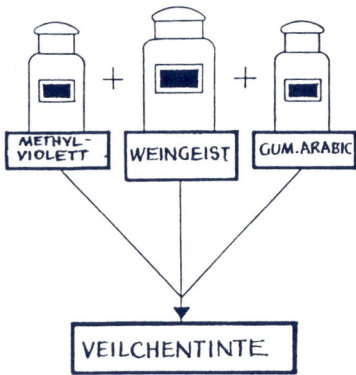

METHYL-VIOLETT + WEINGEIST + GUM. ARABIC

VEILCHENTINTE

Liebestinte, Rote Tinte

Fuchsin, Eosin, Nakarat, Ponceau etc. mit Rosenwasser.

15 g spirituslösliches Anilinrot übergiesst man mit 100 g Weingeist und erwärmt das Ganze in einem Wasserbad bis zur vollständigen Lösung. Gleichzeitig löst man 35 g Gummi arabicum in 900 g Wasser, kocht diese Flüssigkeit auf und giesst den gefärbten Weingeist in einem dünnen Strahl unter Rühren dazu.

Bei der Verwendung von Fuchsin benutzt man nur 5 g Diamantfuchsin in 150 g Weingeist, 800 g Wasser, 30 g Gummi arabicum, 20 g Natriumnitratlösung 1:10.

Für die sehr einfache Eosintinte braucht man 20 g Eosin in 1 l heissem, destilliertem Wasser, 2 g Salmiakgeist und 20 g Gummi arabicum.

Rosenwasser kann, entsprechend verdünnt, anstelle des destillierten Wassers verwendet werden, Rosenöl wie bei der Frühlingstinte im Weingeist zugesetzt werden.

Bei diesen Tinten kann durch Beigabe von Metallpulver ein reizvoller Glanzeffekt erzielt werden.

TINTEN ZUM SCHREIBEN AUF METALL, PORZELLAN UND GLAS

Ätztinte für Eisen und Messing

Da diese Tinte das Material der Stahlfeder angreift, sollte zum Schreiben ein Gänsekiel, eine Glasfeder oder eine Goldfeder benutzt werden.

Sie besteht aus:
20 g Kupfersulfat
10 g Gummi arabicum
 5 g Essig
 5 g Lampenschwarz
60 g Wasser

Ätztinte für Silber

Man schreibt mittels des Gänsekiels mit einer Platinchloridchlorwasserstofflösung und spült mit Ammoniak und Sägespänen das Silber gut ab.

Ätztinte für Glas (Vorsicht! Stark ätzend!)

Eine 15–20 %ige Fluorwasserstoffsäure wird mit so viel Lösung von Gummi arabicum versetzt, dass sie wie Tinte aus der Feder fliesst. Danach setzt man Glyzerin im Verhältnis von 20 % der Gesamtmenge der Mischung zu und färbt das Ganze mit Karamel. Nach dem Schreiben muss man die Tinte so lange auf dem Glas lassen, bis sie eingetrocknet ist; danach kann man sie entfernen.

Eine andere Mischung zum Ätzen von Glas ist die folgende:

30 g Fluorammonium (Ammoniumfluorid) wird mit 15 g Wasser und 6 g reiner Schwefelsäure gemischt und in einem Kunststoffffläschchen auf 40 °C, aber nicht höher, erwärmt und nach dem Abkühlen mit 6 g starker Flusssäure sowie 2 g Gummi arabicum versetzt. Zum Schreiben bedient man sich der Stahlfeder oder des Gänsekiels; die Schrift wird mit dieser Tinte matt.

Eine weitere Variante ist, 36 g Natriumfluorid und 7 g Kaliumsulfat in 500 g Wasser zu lösen und anderseits 14 g Zinkchlorid in 500 g Wasser, gemischt mit 56 g konzentrierter Salzsäure.

Bei Gebrauch werden gleiche Teile dieser beiden Flüssigkeiten gemischt und mit etwas chinesischer Tusche versetzt.

Da diese Tinten das Glas angreifen, sollten sie in gut verschliessbaren Kunststoffbehältern aufbewahrt werden.

PIGMENTE

Im Gegensatz zu den Farbstoffen sind die Pigmente Farbmittel, die in Wasser und anderen Lösungsmitteln unlöslich sind und nur mit Hilfe von Bindemitteln zum Färben verwendet werden können.

Ein in unserem Zusammenhang wichtiges Anwendungsgebiet ist die Aquarellmalerei.

AQUARELLMALEREI

Die Anfänge der Aquarellmalerei liegen schon in den ägyptischen Wandmalereien, die mit in Gummiwasser gelösten Pigmenten auf Kalkgrund gemalt wurden.

Während zu dieser Zeit eher mit gröberen Pigmenten gemalt wurde, finden heute meist äusserst feine, bis in die Papierfaser eindringende Pigmente Verwendung.

Die wichtigsten Bindemittel für die Pigmente der Aquarellfarben sind Gummi arabicum, Dextrin, Gelatine, Leim, Traganath oder synthetische Produkte. Diese Stoffe dienen weniger dem Farbauftrag auf dem Papier als vielmehr dem Zusammenhalt der Farben in den Tuben und Näpfchen.

Zusätze von Glyzerin halten die Farben feucht, um ein zügiges Auftragen zu ermöglichen. Zucker erhöht die Leuchtkraft der Farben. Carbolsäure verhindert das Schimmeln. Um die Haftung auf eher fettigen Malgründen wie Pergament zu erhöhen, bedient man sich der Netzmittel wie Ochsengalle, Protabinsäure oder auch Natriumoleat.

Aquarellfarbkästen

Obwohl in jedem besseren Künstlerbedarfsgeschäft fertige Aquarellfarbkästen zu haben sind, empfiehlt es sich, diese selber zusammenzustellen und auch die Ausgaben für einen gut schliessbaren Emailkasten mit 16 Farbnäpfen nicht zu scheuen.

Die Näpfchen sind als ganze (¹/₁; 19 × 30 mm) oder halbe unter den allerfeinsten Künstler-Aquarellfarben im Hinblick auf ihren Malkomfort und ihre Beständigkeit auszusuchen.

Bei der Auswahl von Aquarellfarben gilt es, in erster Linie nur die Grundregel zu beachten, zunächst die Farbskala auf ein Minimum zu beschränken und sie nach Bedarf zu erweitern.

Als erste Grundausstattung empfiehlt sich etwa die folgende:
– Kadmiumgelb
– Terra di Siena (natur)
– Kadmiumrot (hellst)
– Alizarinkrapplack (dunkel)
– Terra di Siena (gebrannt)
– Preussischblau
– Kobaltblau
– Ultramarinblau
– natürliche Umbra
– gebrannte Umbra
– Englischrot
– Caput mortuum
– Chromoxydgrün
– Lampenschwarz oder Beinschwarz

Handkolorierter Taufzettel oder Glücksbrief, Aquarellfarbkasten und Kolinskimarderpinsel. Auf der rechten Seite Muschelvergoldung auf Papier: oben Muschelgold in einer Muschel, darunter natürliches, gediegenes Gold, heute erhältliche Muschelgoldnäpfchen, Pinsel zum Auftragen des Goldes und der Polierstein zum Polieren der Vergoldung.

Farben der Buchmalerei

Ein besonderes Gebiet der Farbenkunde sind die Pigmente der Buchmalerei, wie sie Theophilius Presbyter im Malerbuch des Berges Athos aus dem 11. Jh. beschreibt. Bei der Beschäftigung mit der Buchmalerei geht von dieser oft recht geheimnisvollen und abenteuerlichen Farbenkunde ein besonderer Reiz aus, der uns zu einem tieferen Verständnis dieser Kunst führen kann.

Die wichtigsten Farben der Buchmalerei sind:

- Kohleschwarz mit Kirschgummi angerieben
- Bleiweiss (basisches Bleicarbonat, giftig) mit Eikläre (geschlagenem Eiweiss)
- Zinnoberrot (Quecksilbersulfat, giftig) mit Eikläre
- Mennige (Blei (II)-orthoplumbat, giftig) mit Eikläre
- gebrannter Ocker (Eisenoxyd) mit Kirschgummi
- Ultramarinblau (Lapis Lazuli) mit Kirschgummi
- Azurblau (Azurit) mit Kirschgummi
- Indigoblau (Extrakt aus Indigofea tinctoria) mit Kirschgummi
- Holunderbeerblau (Holunderbeeren) mit Kirschgummi
- Auripigment, gelb (gelbes Schwefelarsen, giftig) mit Kirschgummi oder Eikläre
- Bleigelb (Bleioxyd, giftig) mit Eikläre
- Safrangelb (aus Crocos sativus) mit Kirschgummi
- gelber Ocker (Eisenoxyd) mit Kirschgummi
- Grünspangrün (basisches Kupfer (II)-acetat, giftig) mit Eikläre
- Grünerde (Eisensilikat) mit Kirschgummi

Da diese Farben zum Teil sehr giftig sind und beim Mischen untereinander oft heftige chemische Reaktionen ablaufen können, wurden sie meistens rein, in gewissem Abstand zueinander verwendet.

- Bleiweiss verträgt sich schlecht mit Zinnober, Ultramarin und Azurit.
- Zinnober verträgt sich schlecht mit Bleigelb und Bleiweiss.
- Ultramarin ist säureempfindlich und unverträglich mit Bleifarben.
- Azurit ist unverträglich mit Bleifarben und kann mit Schwefelfarben schwärzen.
- Auripigment verträgt sich schlecht mit Bleifarben.
- Grünspangrün kann durch den Essigzusatz zum Zerfressen des Malgrundes führen.

Es ist kein Leichtes, die erwähnten Rohstoffe für die traditionelle Buchmalerei, wie sie in ältesten Quellen beschrieben ist, zu beschaffen. Ein Gang zum Apotheker und zum Drogisten erfüllt oft schon einen Teil der Wünsche.

Etliches kann auch bei Steinsammlern, Mineralogen oder Goldschmieden zusammengetragen werden oder ist in Farbenhandlungen als Pulverfarben erhältlich (siehe Übersicht über die Pigmente Seite 85–90).

Der Taufzettel, der ursprünglich aus dem Emmental stammt, wird wie auf der Zeichnung gefaltet. Im mittleren, leeren Textfeld können Namen und Anlass eingetragen werden, während in den vier äusseren Feldern ein entsprechender Spruch Platz findet. Als Patengeschenk wird nach alter Tradition ein Golddukaten in die Mitte gelegt.

Der Tautzettel oder Glücks-Brief

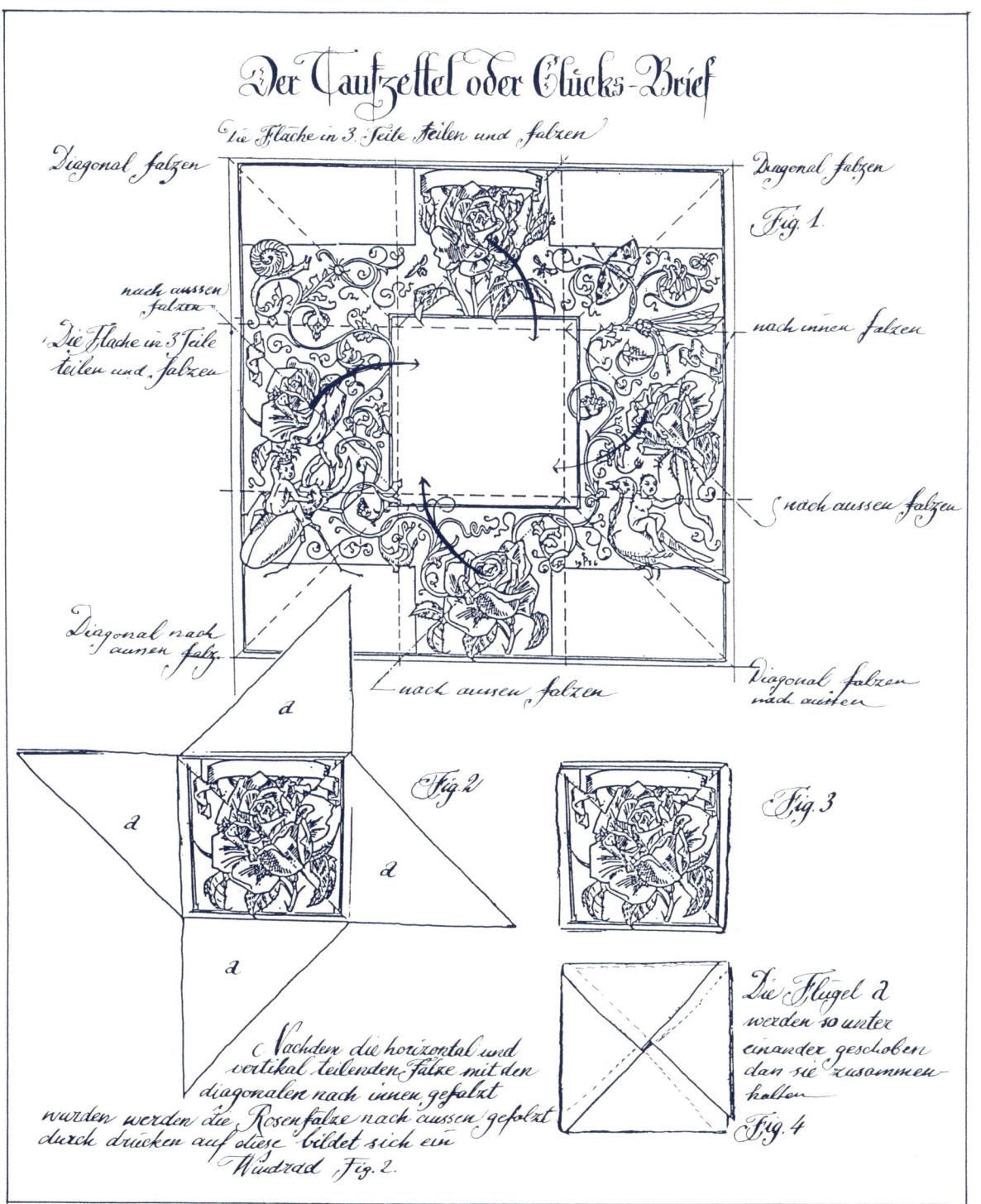

Die Fläche in 3 Teile Teilen und falzen

Diagonal falzen

Diagonal falzen

Fig. 1

nach aussen falzen

Die Fläche in 3 Teile teilen und falzen

nach innen falzen

nach aussen falzen

Diagonal nach aussen falz.

Diagonal falzen nach aussen

nach aussen falzen

d

d

d

a

Fig. 2

Fig. 3

Nachdem die horizontal und vertikal teilenden Falze mit den diagonalen nach innen gefalzt wurden werden die Rosenfalze nach aussen gefalzt durch drücken auf diese bildet sich ein Windrad Fig. 2.

Die Flügel a werden so unter einander geschoben dan sie zusammen halten

Fig. 4

Eure Kinder sind nicht eure Kinder. Es sind die Söhne und Töchter von des Lebens Verlangen nach sich selber. Sie kommen durch euch, doch nicht von euch; Und sind sie auch bei euch, so gehören sie euch doch nicht. Ihr dürft ihnen eure Liebe geben, doch nicht eure Gedanken, Denn sie haben ihre eigenen Gedanken. Ihr dürft ihren Leib behausen, doch nicht ihre Seele, Denn ihre Seele wohnt im Hause von Morgen, das ihr nicht zu betreten vermöget, selbst nicht in euren Träumen. Ihr dürft euch bestreben, ihnen gleich zu werden, doch suchet nicht sie euch gleich zu machen. Denn das Leben läuft nicht rückwärts, noch verweilt es beim Gestern. Ihr seid die Bogen, von denen eure Kinder als lebende Pfeile entsandt werden. Der Schütze sieht das Zeichen auf Pfade der Unendlichkeit, und er biegt euch mit seiner Macht, auf dass seine Pfeile schnell und weit fliegen. Möge das Biegen in des Schützen Hand euch zur Freude gereichen; Denn gleich wie Er den fliegenden Pfeil liebet, so liebt er auch den Bogen, der standhaft bleibt.

Kahlil Gibran

scripf. Andreas Schenk
MCMLXXXIX AD

Taufzettel mit Textbeispiel in den vier äusseren Feldern. Beim Herauskopieren zur eigenen Verwendung sind diese abzudecken.

ÜBERSICHT ÜBER DIE PIGMENTE

Permanentweiss, Barytweiss, Schwerspat

Dieses lasierende, natürliche Mineralpigment reflektiert als Pulver alles auftreffende Licht 100%ig und verliert nur durch das verwendete Bindemittel von dieser Wirkung. Schwerspat ist mit allen Bindemitteln verwendbar und lässt sich gut benetzen.

Bleiweiss, Kremserweiss, Deckweiss

Deckendes Weisspigment, dessen natürliches Vorkommen sehr selten ist – es kommt u.a. noch in Krems an der Donau, nördlich Wiens vor – wird heute nach verschiedenen Methoden durch die Einwirkung von Essigdämpfen und Kohlensäure auf metallisches Blei erzeugt. Dieses Weiss lässt sich mit Eikläre binden und verfügt über ein aussergewöhnliches Deckvermögen. Vorsicht: Bleiweiss ist giftig! Das Einatmen von Staub oder die Einnahme durch den Mund kann zu akuten Bleivergiftungen mit schmerzhaften Bleikoliken führen.

Im Lucca-Manuskript aus dem 8. Jh. wird ein nützliches Topfverfahren zur Herstellung von kleineren Mengen Bleiweiss beschrieben: Ein leicht konischer, etwa 30 cm hoher, innen nur bis zur Hälfte glasierter Tontopf mit einem oberen Durchmesser von etwa 20 cm wird bis zur Glasurgrenze mit Weinessig gefüllt. Darüber werden zu Spiralen geformte Bleistreifen gehängt und etwa 6 Monate zugedeckt in einer mit Pferdemist und Obstresten gefüllten Grube gelagert. Nachdem alles metallene Blei zu basisch kohlensaurem Blei zerfallen ist, werden die nun weissen Spiralen zur Beseitigung aller Säurerückstände gewaschen, trocknen gelassen und anschliessend gepulvert.

Gelber Ocker, Goldocker

Dieses natürliche Erdpigment, meist französischer Herkunft, wird vorwiegend im Tagbau als goldgelbe, harte Erde oder Gestein geschlämmt und gemahlen. Dieses Witterungsprodukt aus eisenhaltigem Gestein lässt sich mit allen Bindemitteln binden und gehört zu den ältesten Farbmitteln der Menschheit.

Terra di Siena

Dieses natürliche ockerähnliche Erdpigment ist in der südlichen Umgebung von Siena am Monte Amiata noch in kleineren Mengen zu finden, stammt heute aber meist aus Korsika und Sardinien.

Auripigment, Realgar, Opperment, Rauschrot

Dieses natürliche Mineralpigment aus Schwefelarsen kann mit Kirschgummi oder Eikläre gebunden werden; wegen seines Arsengehaltes ist es sehr giftig! Die heute meist aus Arizona stammenden Stücke werden feucht in einem Mörser gepulvert und am besten rasch gebunden, um eine Berührung mit dem Pigment zu verhindern. Das Einatmen von Staub oder sonstige Einnahme dieses Pigmentes kann tödliche Folgen haben.

Bleiglätte, Massikot, Bleigelb, Königsgelb

Dieses gut deckende künstliche Mineralpigment wird durch Erhitzen von Blei auf 500–700 °C als Bleioxyd gewonnen. Bleigelb ist giftig!

Neapelgelb, Antimongelb

Dieses künstliche Mineralpigment wird durch Glühen von Bleioxyd mit Antimonoxyd gewonnen. Es verträgt sich mit allen Pigmenten und Bindemitteln und ist in verschiedenen Farbtönen von hellgelb bis rötlich erhältlich.

Gummigutt, Gambodge

Dieser gering lichtbeständige Pflanzenpigmentfarbstoff enthält von Natur aus Farb- und Bindemittel. Schön lasierend wie echtes Indischgelb, eignet er sich zum Vergolden auf Pergament und Papier. Zu diesem Zweck wird die zu vergoldende Fläche mit Gummigutt satt bemalt und trocknen gelassen; darauf kann die Metallfolie nach Anhauchen des Gummigutt, der dadurch aufquillt, aufgelegt werden.

Terra di Siena gebrannt, Gebrannte Siena

Dieses künstlich gebrannte natürliche Erdpigment schlägt beim Brennen in Rotbraun um. Es handelt sich um eine ausgesprochen gute Lasurfarbe, die sich mit allen Bindemitteln binden lässt.

Gebrannter Ocker, Rotocker

Dieses natürliche Erdpigment, meist französischer Herkunft, lässt sich durch Erwärmen oder Glühen in jede gewünschte rotbraune Nuance tönen.

Mennige, Bleimennige, Saturnrot

Dieses künstliche Mineralpigment wird durch Glühen von Bleiweiss gewonnen. Beim Zusammentreffen mit Kadmiumgelb, Zinnober oder Ultramarinblau wird die Mennige durch den Schwefelwasserstoffgehalt dieser Farben geschwärzt. Mennige hat keine Lasierfähigkeit und wird hauptsächlich für feine, deckende Malereien in der Umgebung von Initialen verwendet. Vorsicht: Mennige ist infolge ihres Bleigehaltes giftig!

Zinnober, Bergzinnober, Minium

Als natürliches Mineral wird Zinnober, der entweder in Form hochroter, weicher, erdiger Klümpchen in quarzigem Gestein oder in Form tief karminfarbiger Kristalle vorkommt, in den Almaden in Spanien und in Istrien abgebaut. Zur Verwendung als Farbe wird dieses auffallend schwere Pigment gepulvert. Da es sich bei Zinnober um ein Quecksilbersulfid handelt, ist das spezifische Gewicht sehr hoch. Es lässt sich mit allen Bindemitteln binden und hat ein sehr gutes Deckvermögen.

Karmin

Dieser natürliche organische Farbstoff, heute meist synthetisch hergestellt, wurde früher von den weiblichen Cochenillenläusen (Coccus cacti) gewonnen, die in Mittelamerika und auf Gran Canaria auf kakteenähnlichen Fackeldisteln gezüchtet wurden.

Den hochwertigsten Farbstoff liefert die schwarze Cochenille, auf deren Körper sich durch das Trocknen ein schwarzgrauer Belag bildet. Karmin hat ein schlechtes Deckvermögen und ist ein typisches Lasurpigment mit auffallend schlechter Lichtbeständigkeit.

Kermes, Scharlach

Dieser natürliche, bereits im Altertum verwendete organische Farbstoff stammt von einer anderen Schildlaussorte, die auf den Eichen Südeuropas beheimatet ist. Aus den Beeren ähnlichen, kugelförmigen Läusen wurde im Mittelalter der Venezianer Scharlach zubereitet. Heute ist dieser Farbstoff kaum mehr zu finden, würde aber gleich der Cochenille verarbeitet.

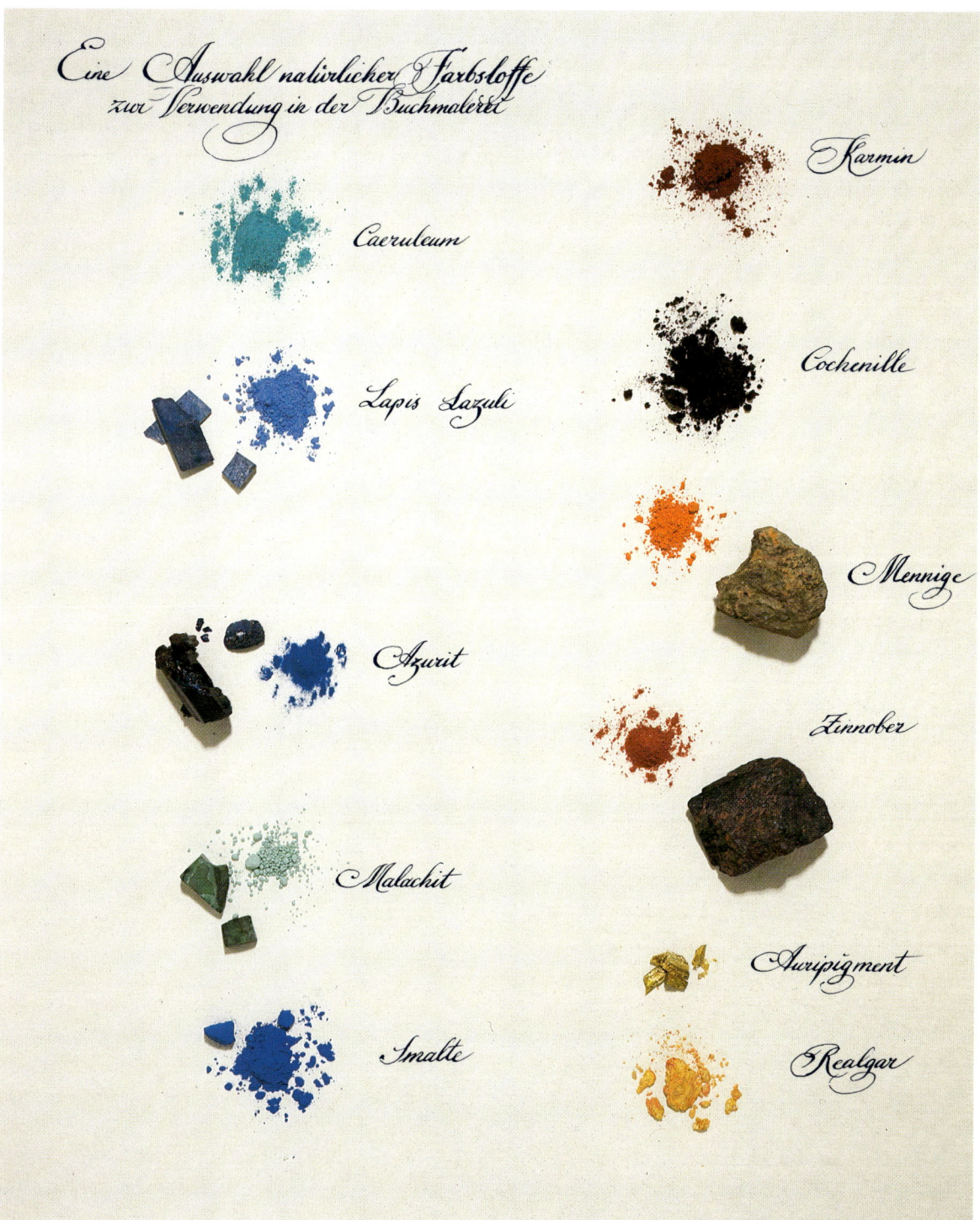

Eine Auswahl natürlicher Farbstoffe
zur Verwendung in der Buchmalerei

Caeruleum

Lapis Lazuli

Azurit

Malachit

Smalte

Karmin

Cochenille

Mennige

Zinnober

Auripigment

Realgar

Krapplack, Krapp-Purpur, Krapp-Karmin

Dieses natürliche Pigment wird aus gut abgelagerten, gemahlenen Wurzeln der Krapp-Pflanze (Rubia tinctorum oder Rubia peregrine) herausgelöst und mit Gummi gebunden. Krapplack eignet sich vorzüglich zum Lasieren von echtem Zinnober, was den Farbton satter wirken lässt und den Zinnober konserviert.

Umbra natur und gebrannt, Rehbraun

Von dieser natürlich vorkommenden, dem Ocker eng verwandten Erde mit hohem Gehalt an Manganoxyd entstehen durch das Brennen warmbraune Farbtöne. Die grössten Vorkommen dieser Manganerde liegen in Italien, weitere in Deutschland, Holland, Belgien und England; die besten Sorten stammen jedoch aus Zypern. Alle Bindemittel sind brauchbar und die Farbe verfügt über ein gutes Deckvermögen.

Gebrannte grüne Erde, Veroneser Braun

Beim künstlichen Brennen dieses natürlichen Erdpigments wird das grüne Eisenoxydul in ein rotes Eisenoxydul umgewandelt.

Malachit, Berggrün, Kupfergrün, Chrisocolla

Dieses durch mühsames Zerbrechen, Zerstossen und Pulverisieren des Halbedelsteines Malachit gewonnene natürliche, anorganische Pigment, welches schon in der Antike beliebte Verwendung fand, lässt sich in wässerigem Bindemittel gut binden und hat eine auffallend gute Lasierfähigkeit, ist demzufolge also mässig deckend. Das Gestein findet man überall, wo der blaue Azurit vorkommt, in Afrika, Sibirien, Ungarn, der Tschechoslowakei, ja sogar im Schwarzwald.

Grünspan, Kupfergrün, Aerugo, Viride Graecum

Dieses künstliche Mineralpigment, das aus mit Essigsäure oder Weinessig behandelten Kupferspänen gewonnen wird, kann, fein gepulvert, mit allen Bindemitteln verwendet werden. Grünspan hat eine hervorragende Lasierfähigkeit, ist aber giftig.

Lapislazuli, Natürliches Ultramarin, Lasurstein

Dieses natürliche Mineralpigment wird aus möglichst reinen dunkelblauen Lapislazuli-Halbedelsteinen gewonnen, die in der besten Qualität aus den Gruben des Baikalsees in Afghanistan stammen.

Die Steine werden erhitzt, in Essigsäure abgeschreckt und anschliessend feinst gepulvert. Um die blauen Teile von den übrigen Teilen zu lösen, wurde das Pulver gemäss einer alten Rezeptur von Cennino Cennini (1437) mit einem Harzwachsgemisch in warmer Lauge verknetet und so ein in seiner Schönheit bestechendes Farbpigment gewonnen. Da die Zubereitung des natürlichen Ultramarins, zusätzlich zu den hohen Preisen für die Halbedelsteine, schon immer eine mühsame, zeitaufwendige Arbeit war, wurde schon zu Dürers Zeit das Gramm dieses Pigments zu einem halben Dukaten gehandelt, was selbst über dem Preis für pures Gold lag. Lapislazuli hat eine hervorragende Lasurfähigkeit, ein mässiges Deckvermögen und ist mit allen Bindemitteln verwendbar.

Azurit, Bergblau, Azurblau

Meist im Buntsandstein als Verwitterungsprodukt von Kupfersulfiden vorkommend, findet sich dieses natürliche Mineralpigment oft in Form kleiner Geoden, mit fremden Beimengungen durchsetzt, an den gleichen

Fundstellen wie Malachit, aber weitaus spärlicher und ist infolgedessen auch teuer.

In Edelsteinhandlungen wird es als reiner Kristall angeboten. Fein gemahlen lässt er sich gut mit Kirschgummi binden und hat ein befriedigendes Deckvermögen mit geringer Lasierfähigkeit.

Ägyptischblau, Caeruleum

Dieses künstliche Mineralpigment wird aus Sand, Soda, Kalk und Kupferoxyd zu einer Glasfritte geschmolzen und je nach Bedarf zerkleinert. Dieses Pigment verfügt über eine mässige Deckfähigkeit, ist aber ausgezeichnet lasurfähig.

Smalte, Zaffer, Köngisblau

Dieses künstliche Mineralpigment, das durch die Verschmelzung der Zaffer, einem Röstprodukt aus Speis- und Glanzkobalt, mit Quarz und Pottasche gewonnen wird, entspricht in seiner Form eigentlich einem im Wasser abgeschreckten und zerborstenen Kobaltglas. Smalte ist mit allen Bindemitteln verwendbar und hat eine gute Lasierfähigkeit. Smalte oder das gröbere «Streuglas» bekommt man heute fast ausschliesslich in Keramikfachgeschäften.

Indigo, Thioindigo, Stahlblau

Der älteste und früher wichtigste organische Farbstoff Indigo, ein natürliches Pigment pflanzlicher Herkunft, wird durch Einweichen der Blätter der Indigopflanze (Indigofera tinctoria, Färberwaid oder chinesischer Färberknöterich) gewonnen. Durch Gären unter Luftzufuhr oxydiert das Ganze zu Indigoblau, welches ausgewaschen, gekocht und getrocknet ein intensiv färbendes Pigment ergibt. Indigo ist nicht alkalifest und es bedarf einer gewissen Vorsicht bei der Auswahl der Bindemittel, da sich sonst seine Farbe bis ins Orange verändern kann. Im weiteren verfügt Indigo über ein gutes Deckvermögen und ist mässig lasierbar.

Elfenbeinschwarz, Tiefschwarz

Dieses natürliche Pigment tierischer Herkunft wird durch Verkohlen von Elfenbeinabfällen unter Luftabschluss gewonnen.

Die Elfenbeinabfälle werden möglichst ohne Luftzwischenraum in Metallgefässen luftdicht verschlossen und so lange gebrannt, bis reiner Kohlenstoff entsteht. Nicht durchgebrannte oder unter zuviel Luftzufuhr gebrannte Pigmente werden braunstichig. Elfenbeinschwarz ist in seiner besten Qualität samtig tiefschwarz und ist mit allen Bindemitteln verwendbar. Es besitzt eine ausgesprochen gute Deckfähigkeit und ist gut lasierbar. Elfenbeinschwarz ist selten zu finden und muss daher vielleicht in kleineren Mengen im Emailofen selbst hergestellt werden.

Beinschwarz, Knochenschwarz, Tiefschwarz

Ähnlich dem Elfenbeinschwarz entsteht auch dieses organische Pigment tierischer Herkunft durch Verkohlen von Tierknochen, steht diesem jedoch im Färbvermögen deutlich nach.

Rebenschwarz, Rebschwarz

Nach demselben Verfahren wie Elfenbein- und Beinschwarz wird dieses natürliche organische Pigment pflanzlicher Herkunft durch Verkohlen von verdorrten Rebstöcken und Trester gewonnen. Es verfügt über ein mässiges Färbvermögen, deckt gut und ist besser lasierfähig als Elfenbeinschwarz.

Abschliessend seien noch die von verschiedenen Baum- und Pflanzenarten gewonnenen Pigmente bräunlicher Färbung erwähnt, wie *Pfirsichkernschwarz, Mandelkernschwarz, Eichenrindenschwarz, Kohl-, Reben-, Kork- und Weidenschwarz*. Ebenfalls durch einen Verbrennungsprozess hergestellt, weisen diese Farbpigmente alle eine mehr oder weniger ins warme Braun neigende Tönung auf.

Die Herstellung von *Lampenschwarz* und *Russschwarz* wird im Kapitel über die chinesische Tusche näher beschrieben (S. 68–70).

BINDEMITTEL, EMULGATOR

Rezepturen sind bei der Verwendung von Bindemitteln höchstens in der Einstiegsphase als Anhaltspunkt nötig. Weitaus wichtiger für die Handhabung der Bindemittel ist die Kenntnis der jeweiligen Stoffe und der Grundgesetze ihres Verhaltens.

Grundsätzlich brauchen wir für die Buchmalerei zweiteilige Bindemittel, also solche, die aus einem Leimkörper (Emulgator) und aus Wasser bestehen und zusammen eine Leimlösung (Emulsion) ergeben, durch die die Farbteilchen möglichst gleichmässig verteilt werden können. Nach dem Auftragen verdunstet das Wasser aus der Leimfarbe und zurück bleibt der die feinen Farbpartikelchen umschliessende und verklebende Bindestoff, der den eigentlichen Farbauftrag bildet.

DIE WICHTIGSTEN BINDEMITTEL

Das Hühnerei

Dieses stellt in seiner ursprünglichen Form den Prototyp einer natürlichen Emulsion dar. Es besteht aus 12 % Eiweiss, 12 % fettem Öl und aus 74 % Wasser und Lecithin. Es findet als Ganzes oder nur als Dotter oder Eikläre Verwendung.

Das rohe Ei wird aufgeschlagen, wobei das Eiweiss sorgfältig, ohne das Eigelb zu verletzen, in ein Glas abgeschüttet wird. Der Eidotter wird nun so lange behutsam von der linken in die rechte Handfläche bewegt, bis der Dottersack griffig ist. Nun wird der Dotter mit einem Messer geschlitzt und der Inhalt ohne Dottersack in ein anderes Glas geleert. Für kleinere Arbeiten kann der Dottersack auch als Ganzes in einen Eierbecher gegeben werden und, nach Bedarf aufgestochen, das Eigelb mit dem Pinsel aufgenommen werden.

Die Eikläre

Das natürliche Eiweiss findet als Bindemittel hauptsächlich in der Buchmalerei und bei der Vergoldung Verwendung.

Das Eiweiss wird am besten von Hand mit einem Schwingbesen schaumig geschlagen und danach absetzen gelassen. Für eine gute Eikläre wiederholt man den Vorgang 1–5mal. Um das Eiweiss zu Pulver zu verarbeiten, leert man es auf eine saubere Glasplatte und schabt es nach dem Trocknen mit einer Rasierklinge ab. Das so gewonnene Pulver kann jederzeit mit Wasser wieder angerührt und verwendet werden.

Es kann jedoch auch frische Eikläre direkt mit den feingeriebenen Pigmenten im Mörser verarbeitet werden. Zum leichteren Binden kann etwas Ochsengalle zugegeben werden, zum Verdünnen Wasser. Da das Eigelb im trockenen Zustand, vor allem wenn es dem Licht ausgesetzt ist, gerne spröde und brüchig wird und zusammen mit der Farbe dann leicht zum Abblättern neigt, empfiehlt es sich, zur Erhöhung der Elastizität Gummi

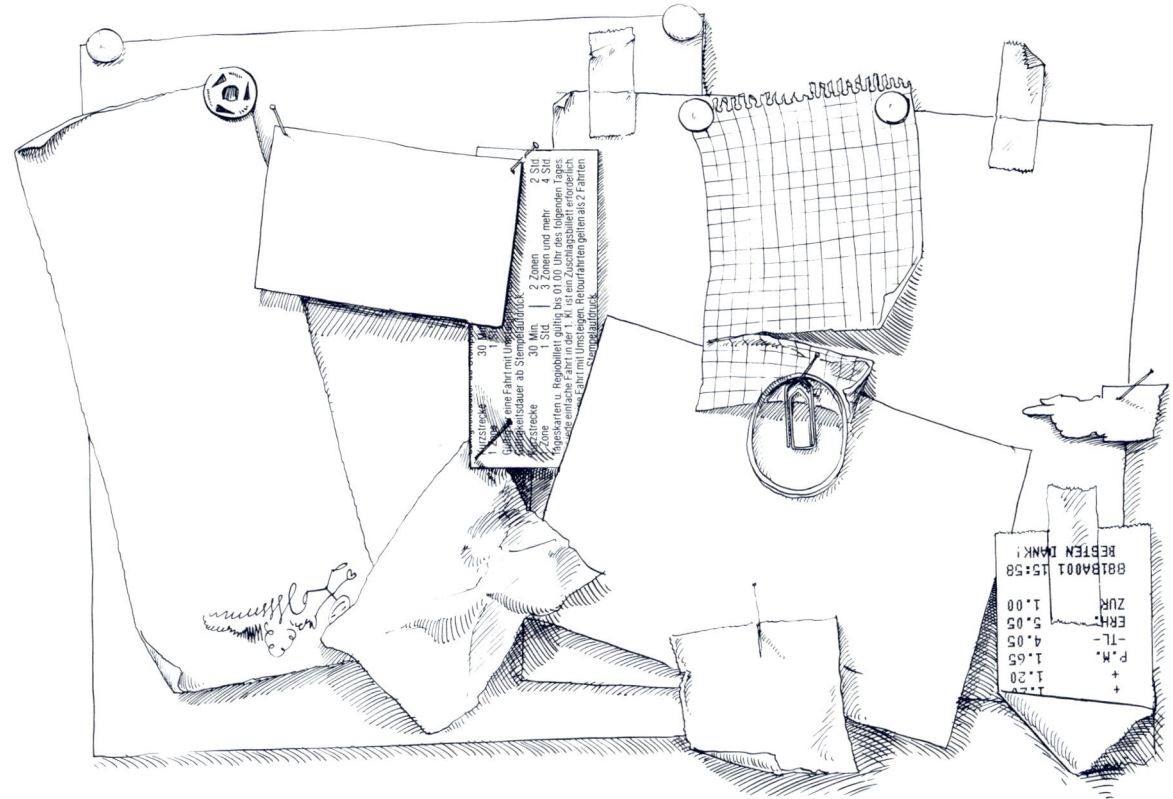

arabicum, Zucker, Honig oder Ohrenschmalz beizugeben. Um die leicht zersetzlichen Eiweissbestandteile vor Fäulnis zu schützen, kann man Kampfer, Nelkenöl oder Essig zugeben.

Das Eigelb

Das Eigelb wird als Bindemittel zum Bemalen grobfleckiger Pergamente empfohlen. Es leistet auch ausgesprochen gute Dienste beim Ausgleichen von aufgerauhten Pergamentpartien, wie sie beim Schaben oder beim Radieren auf dem Pergament entstehen können, zur Verleihung von Glanz auf bemalten Partien (etwa in Initialen), zur abschliessenden Vertiefung des Hintergrunds bei Wappendarstellungen. Alle diese Möglichkeiten waren schon den alten Miniaturmalern bekannt und wurden eifrig genützt. Der Eigelbauftrag soll zügig und nicht zu dick erfolgen, um die darunterliegenden Farben nicht zu verwischen. Beim Ausgleichen von Flecken auf dem unbemalten Pergament soll das Eigelb gleich nach dem Auftragen weggewischt werden, so dass keine gelben Flecken entstehen und der Tonausgleich nur durch das vom Pergament aufgenommene Eigelb geschieht.

Gummi arabicum, Kirsch-, Pflaumen- und *Pfirsichgummi,* die insbesondere bei der Herstellung von Tinten als Bindemittel verwendet werden, sind im Kapitel «Tinten» (S. 73) ausführlicher besprochen.

Albuminleim

Albumin ist ein tierisches Eiweiss, das sowohl im Blutserum als auch im Ei vorkommt. Eialbumin, das in Form kleiner, etwas gelblicher, splitterartiger Stückchen im Handel erhältlich ist, lässt sich farblos im Wasser lösen. Seine Wasserlöslichkeit verliert es erst nach längerer intensiver Belichtung und ab 63 °C verwandelt es sich in eine teigige Substanz, die als Bindemittel unbrauchbar, für den Buchbinder zum Vergolden von Bucheinbänden jedoch von Nutzen ist, indem er auf die mit Albumin vorgezeichneten Linienornamente die Vergoldung legt und sie mit dem erhitzten Eisen unlöslich macht.

DIE BINDERPROBE

Zur Überprüfung der richtigen Dosierung des Bindemittels empfiehlt sich ein Probeaufstrich der Farbe, der mit dem Haarfön getrocknet wird: zu schwach gebundene Farbe lässt sich mit dem Finger abreiben, das heisst sie kreidet ab. Zu stark gebundene Farbe glitzert und reisst oder platzt ab.

HILFSMITTEL FÜR DIE BINDEMITTEL

Eine ganze Reihe von Substanzen, welche selber keine echte Bindekraft besitzen, werden als Zusätze zu verschiedenen Zwecken den Bindestoffen beigefügt.

Netzmittel

Diese werden dazu benötigt, die Pigmente oder den Malgrund zu benetzen, damit die wässrigen Substanzen wie Farben, Tinten und Tuschen nicht abperlen, sondern vom Malgrund gut angenommen werden und eine feinere Verteilung der Farbsubstanz ermöglichen.

Ochsengalle

Dieses altbewährte Netzmittel tierischer Herkunft findet man in seiner reinen Form in den Schlachthäusern; es sollte zur Aufbewahrung gut konserviert werden. Gereinigte und konservierte Ochsengalle ist auch in Künstlerbedarfsgeschäften erhältlich und wird in Drogerien, eingedickt als Paste zur Reinigung von Flecken aller Art auf Textilien, zu einem äusserst günstigen Preis verkauft.

Konservierungsmittel

Nach Möglichkeit sollten die zu verwendenden Farben immer frisch zubereitet werden, doch ist die Verwendung von Konservierungsmitteln oft unumgänglich, um einer allfälligen Fäulnis vorzubeugen.

Kampfer, Mottenkugeln

Eine für kurze Zeit wirksame Konservierung mit Kampferkugeln ist von Vorteil, da sich die Kugeln in der Emulsion nicht auflösen und immer wieder aufs neue verwendet werden können.

Nelkenöl

Organische Stoffe lassen sich gut durch Zugabe von einigen Tropfen Nelkenöl konservieren. Entscheidend für die Frischhaltung und damit die Qualität aller Emulsionen ist die Sauberkeit der Gefässe, die mit nicht allzu heissem Sodawasser gereinigt und anschliessend mit klarem Wasser nachgespült werden sollten.

Ägyptischer Goldschläger, um 2500 v. Chr.

VERGOLDERTECHNIKEN AUF PAPIER UND PERGAMENT

Bei fast allen Kulturvölkern dieser Welt spielte und spielt das Gold zum Verzieren von Gegenständen eine grosse Rolle.

Schon vor 7000 Jahren wurden durch Feinschlagen dünne Goldplättchen hergestellt. Dank der hohen Elastizität wurden schon im Mittelalter aus einem Golddukaten 100 bis 144 hauchdünne Goldfolien (heute 1200 Blatt mit einer unvorstellbaren Schichtstärke von $\frac{1}{8000}$ mm) zwischen Goldschlägerhäutchen aus Ochsenblinddarm ausgeschlagen. Das sogenannte Dukatengold mit seiner beliebten Legierung besteht noch heute aus 92,5 % Feingold und aus 7,5 % Silber und Kupfer. Je grösser der Silberanteil, desto bleicher wird das Gold, je höher der Kupferanteil, desto wärmer die Tönung. Das für unsere Vergolderarbeiten vorzuziehende Gold ist das «or citron», welches auf Urkunden und in Illuminationen nicht zu aufdringlich wirkt.

Bei allen Vergolderarbeiten ist dringend von der Verwendung von Blattsilber, Bronzepulver oder Buntmetallfolien abzuraten. Sie schwärzen oder oxydieren alle nach gewisser Zeit. Echtes Blattgold, in der Grösse von 93×93 mm erhältlich, wird in folgenden Stärken und Reinheitsgraden angeboten:

Stärken
– Einfachgold
– Doppelgold
– Dreifachgold
Einfachgold hat eine Dicke von $\frac{1}{10\,000}$ mm.

Reinheit

– Scheidegold	24 Karat, reines Gold
– Rosenobelgold	23,5 Karat
– Dukatengold	23 Karat
– Orangegold	22 Karat
– Zitronengold	18 Karat
– Grüngold	16 Karat
– Weissgold	12 Karat

MIXTIONSVERGOLDUNG

Mixtion, ein sehr lange gelagertes Leinöl, verdünnt mit Terpentinöl (als zusätzliches Lösungsmittel kann Terpentinersatz verwendet werden), ist im Handel in Zusammensetzungen mit 3, 6 und 12 Stunden Trockzeit erhältlich. Zur Mixtionvergoldung sollte die zu vergoldende Oberfläche möglichst glatt sein. Dies kann man durch Polieren der betreffenden Stelle mit einem polierten Achat erreichen oder durch Auftragen einer Schellack-Politur. Anschliessend trägt man die Mixtion mit einem Pinsel sparsam auf und wartet die vorgegebene Trockzeit ab. Ist dann die Oberfläche noch klebrig, aber nicht mehr nass, wird das Gold mit dem Anschiesspinsel oder dem Transferpapier deckend aufgelegt und mit feiner Baumwollwatte sorgfältig angedrückt. Fehlerhafte Stellen müssen sofort ausgebessert werden, da die Klebkraft nicht lange anhält. Nach ca. 30 Minuten lässt sich die Oberfläche leicht polieren.

POLIMENTVERGOLDUNG

Poliment besteht aus feingeschlämmtem Ton unter Zugabe von Fett und Seife und ist in den Farben Weiss, Gelb, Rot, Schwarz und Blau erhältlich. Zur Vergoldung mit Poliment als Unterlage wird zunächst eine Platte Hausenblasenleim ca. 5–6 Stunden in 1 dl Wasser eingeweicht. Anschliessend wird das Leimwasser in einem nicht kochenden, heissen Wasserbad erwärmt und gerade so viel Poliment beigegeben, dass eine dickflüssige Lösung entsteht. Während des ganzen Verarbeitungsprozesses sollte die Lösung immer warm bleiben und allenfalls bei Verdickung mit Wasser verdünnt werden.

Der Polimentleim wird so oft auf die zu vergoldende Stelle aufgetragen, bis sich die gewünschte Erhabenheit bildet, wobei jeder einzelne Auftrag zu trocknen hat, bevor der nächste gebildet wird. Um eine möglichst glatte Oberfläche zu erreichen, wird die letzte Schicht etwas dünner aufgetragen und gut ausgetrocknet. Nun reibt man die Polimentoberfläche mit allerfeinster Stahlwolle glatt, so dass sie gleichmässig glänzt. Zu guter Letzt wird die Oberfläche mit Aceton gereinigt, um absolut staubfrei zu sein.

Nun wird das Gold auf die gewünschte Grösse zugeschnitten. Die Oberfläche des Polimentes wird mit einer Mischung von einem Teil Poliersprit und zwei Teilen Wasser benetzt und das Gold sofort angelegt. Erst nach längerer Erfahrung und vielen Versuchen lässt sich der Trocknungszeitpunkt, zu dem das aufgelegte Gold mit einem Polierachat poliert werden kann, richtig abschätzen. Der Ungeübte kann sich parallel zum Werkstück eines gleichzeitig verarbeiteten Musters bedienen, das ihm den rechten Zeitpunkt zur Weiterarbeit anzeigt. Ist das Poliment beim Polieren zu trocken, dann kratzt der Polierstein, ist es zu nass, wird das Gold weggeschabt. Fehlerhafte Stellen können abermals benetzt und, die Stelle überlappend, mit Gold belegt werden.

MUSCHELGOLD

Das fein gepuderte Blattgold wurde, mit Gummi arabicum angemengt, früher in leeren Muschelhälften angeboten, woher auch seine Bezeichnung stammt. Heute ist Muschelgold in kleinen Plastiknäpfchen im Handel erhältlich. Die kleineren Portionen von ca. 7 mm Durchmesser, die grösseren in kleinen Barren werden in Grün, Gelb, Zitronenfarben und Rotgold angeboten.

Muschelgold wird mit Wasser angerührt und, um Goldverlust zu vermeiden, mit einem nur zu diesem Zweck zu verwendenden normalen Rotmarderpinsel auf die zu vergoldende Stelle deckend aufgetragen. Es ist zu beachten, dass Gold schwerer ist als Wasser und es deshalb einiges an Übung erfordert, bis man die geeignete Konsistenz erhält.

Muschelgold kann auf Papier und Pergament verwendet werden. Da sich grössere Flächen nicht gleichmässig anlegen lassen, findet es hauptsächlich beim Umranden und Punktieren Verwendung.

Nach einer Trockenzeit von ca. 2 Stunden kann die Vergoldung mit dem Achat auf Hochglanz poliert werden. Ist das Muschelgold zu nass, lässt es sich nicht polieren. Auch Umrandungen mit Farbe oder Tinte können die Politur beeinträchtigen. Nach der Politur

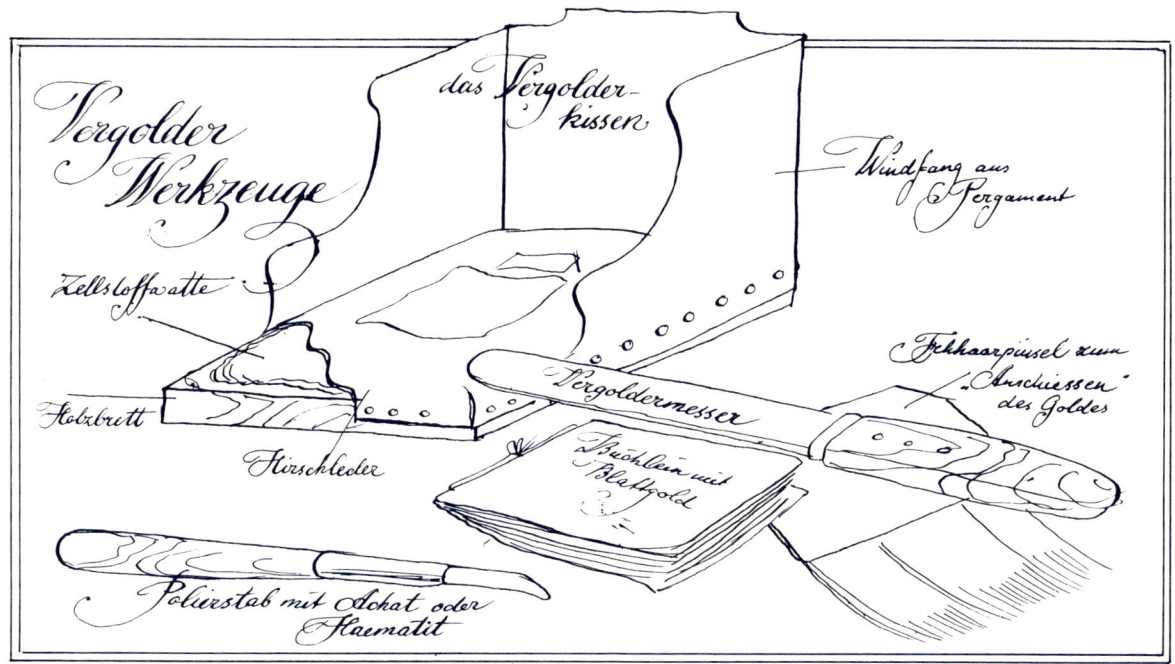

Vergolder
Werkzeuge

das Vergolder-
kissen

Windfang aus
Pergament

Zellstoffwatte

Fehhaarpinsel zum
"Anschiessen"
des Goldes

Holzbrett

Vergoldermesser

Hirschleder

Büchlein mit
Blattgold

Polierstab mit Achat oder
Haematit

Vergolderutensilien zur Poliment- und
Ölvergoldung.

können allfällige Bleistiftlinien nicht mehr wegradiert werden, ohne den Goldauftrag zu zerstören.

Auf Büttenpapier verwendet, ist es von Vorteil, das Polieren auf harter Unterlage durchzuführen, da erst durch den Widerstand des Untergrundes die polierte Fläche spiegelglatt wird. Um die Vergoldung erhaben, reliefartig hervortreten zu lassen, kann man die vergoldete und polierte Stelle frei, ohne Unterlage von der Rückseite her mit polierenden Bewegungen sorgfältig «bombieren».

Als Verzierung hat Muschelgold der Goldbronze gegenüber den Vorteil, dass es nicht oxydiert und somit über Hunderte von Jahren seinen ursprünglichen Glanz beibehält.

BESONDERE ANWENDUNGEN KALLIGRAPHISCHER ARBEITEN

STAMMBAUM

Ein klassisches Beispiel kalligraphischer Arbeit ist der Stammbaum.

Die Erforschung der Familiengeschichte, sei es der eigenen oder einer fremden, ist eine zwar zeitaufwendige, jedoch auch eine äusserst interessante Aufgabe.

Bei den Eltern angefangen, begibt man sich langsam, mit besonderem Augenmerk nach links und rechts, den oft im Dunkeln zwischen schweren Buchdeckeln liegenden Vorfahren entgegen.

Alte Familien- oder Namensregister, Adress- oder Wappenbücher im Staatsarchiv liefern erste Angaben über die Mitglieder einer Familie. Oft ist es jedoch unumgänglich, andere Archive, Gemeinde- und Kirchenverwaltungen um allfällige Geburts- und Sterberegisterauszüge anzufragen, bis man schliess-

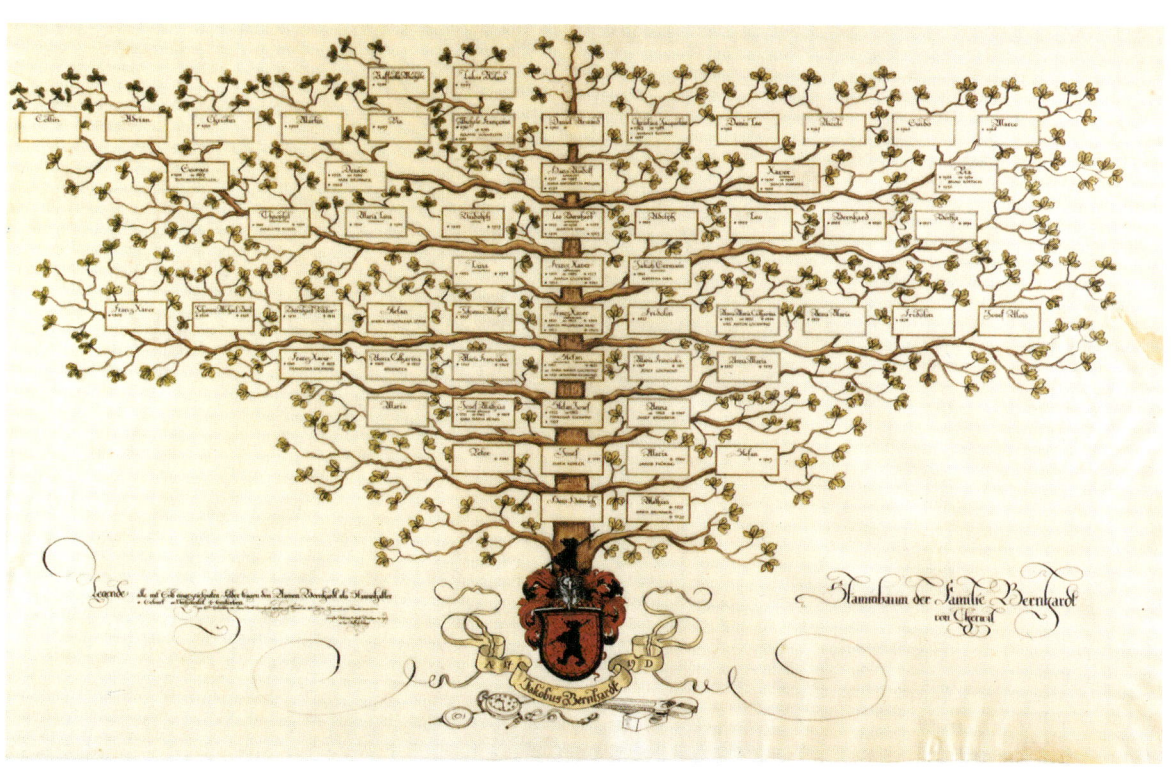

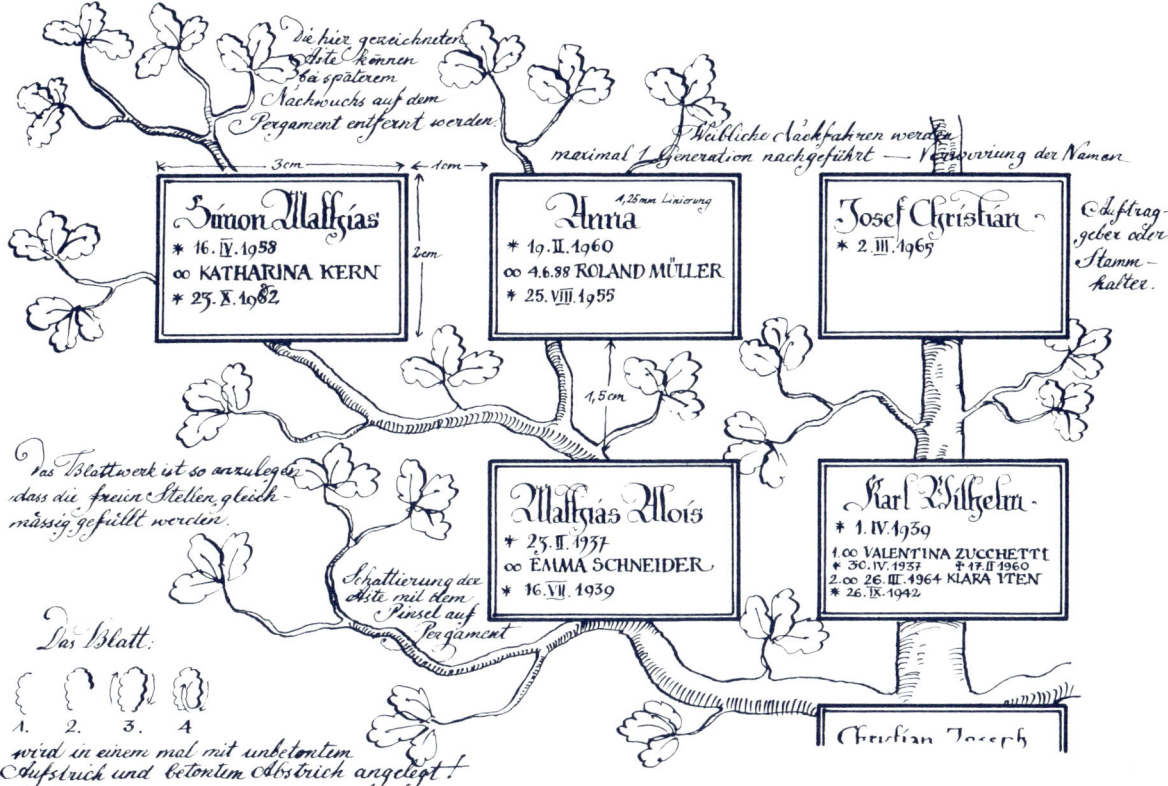

Stammbaum auf Pergament, koloriert und mit Familienwappen versehen. Oben: Detail aus dem Stammbaum mit den Zeichen * für geboren, † gestorben und ∞ geheiratet.

lich Generation um Generation in die Ursprünge einer Familie eindringt. Zur weiteren Verwertung der Daten ist es ratsam, neben einer Kartei eine Stammbaumskizze anzulegen, auf deren Grundlage dann der Stammbaum ausgearbeitet werden kann. Sind die Daten, Geburts-, Heirats- und Todesdatum jedes Familienmitglieds nach Möglichkeit vorhanden und in die entsprechenden Felder eingetragen, so werden diese so lange umgezeichnet, bis sie zu einem gleichlastigen Baum führen. Es ist dabei grundsätzlich darauf zu achten, dass die Kinder dem Alter entsprechend von links nach rechts eingetragen werden. Ist ein Stammhalter am Ende des Baumes in der Mitte zu plazieren, so sind unterhalb die entsprechenden Anpassungen vorzunehmen.

Anschliessend wird die Skizze auf ein gut radiertes und aufgespanntes Pergament, den für diesen Zweck angemessenen Beschreibstoff, übertragen. Dabei sollte zwischen den Feldern für die einzelnen Familienmitglieder genügend Zwischenraum bleiben und die Felder selbst noch genügend gross sein, um die nötigen Eintragungen anzubringen. Zuerst werden die Felder aufgezeichnet, danach be-

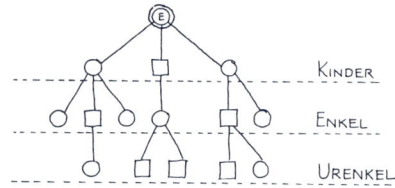

KINDER

ENKEL

URENKEL

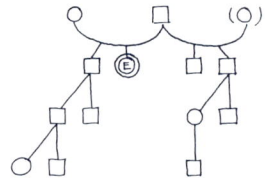

ELTERN

VOLL BZW UNTEREINANDER
HALBGESCHWISTER

NICHTEN + NEFFEN

GROSSNICHTEN + NEFFEN

(O) FRAU AUS 1. EHE

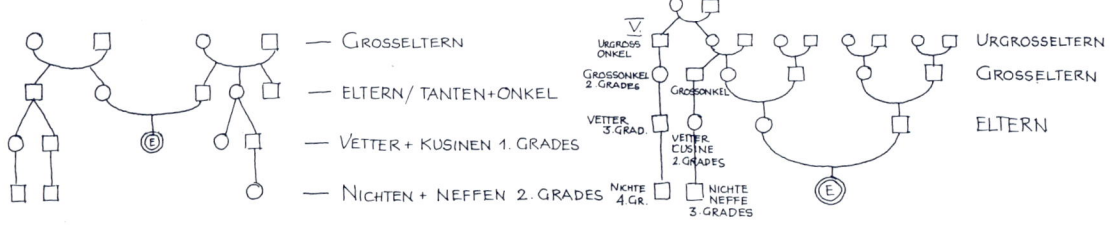

— GROSSELTERN

— ELTERN / TANTEN + ONKEL

— VETTER + KUSINEN 1. GRADES

— NICHTEN + NEFFEN 2. GRADES

V. URGROSSONKEL

GROSSONKEL 2. GRADES

VETTER 3. GRAD.

GROSSONKEL

VETTER CUSINE 2. GRADES

NICHTE 4. GR.

NICHTE NEFFE 3. GRADES

URGROSSELTERN

GROSSELTERN

ELTERN

schrieben. Nachdem das Familienwappen unten aufgezeichnet ist, werden die Äste erst mit Bleistift, dann mit Tinte ausgezogen. Danach können die kleineren Äste und die Blätter angebracht werden, wobei hier auf Symmetrie zu achten ist. Nachdem alles gut getrocknet ist, kann der Baum mit einer lasierenden Sepia ausgemalt und anschliessend schattiert werden. Auch die Blätter werden am besten mit einem Olivgrün ausgemalt und mit einem satten Grün schattiert.

Als letzter Arbeitsgang wird das ganze Blattwerk und der Stamm mit Eigelb übermalt, um an Farbintensität zu gewinnen. Dabei ist zu beachten, dass das Eigelb bei mehrmaligem Überstreichen die darunterliegende Farbe lösen kann. Bei Bedarf können die männlichen Erben diskret mit Muschelgold umrandet werden, damit bei grösseren

Grundtypen der Darstellung von Verwandschaftsbeziehungen. Ⓔ bezeichnet den jeweiligen persönlichen Standort, von dem aus die Benennung der Verwandschaftsbeziehungen erfolgt.

Stammbäumen die Namensträger leichter ersichtlich sind.

Das Heimathaus oder die Heimatgemeinde kann als Hintergrund im unteren Teil reizvoll aussehen. Auch eine Legende mit Angaben zu Auftraggeber, Herstellungsjahr und sonstigen Erläuterungen zum Stammbaum können so auf dem Pergament angebracht werden, dass sie die Gesamterscheinung kaum beeinträchtigen.

WAPPENKUNDE

Wappen werden häufig für Stammbäume, Urkunden und andere historische Dokumente als Illustration verwendet. Ein kurzer Abriss über die Wappenkunde soll daher die wichtigsten Gesetzmässigkeiten aufzeigen, die bei der Ausführung eines Wappens zu berücksichtigen sind.

Unter Heraldik versteht man die Lehre von den Wappen. Wappen wiederum sind nach bestimmten Grundsätzen und Regeln zusammengestellte Abzeichen von Personen oder Körperschaften.

Die Heraldik beschäftigt sich einerseits mit der Wappenkunde und anderseits mit der Wappenkunst, mit der wir uns hier in erster Linie befassen möchten.

Wappenbilder wurden von jeher auf den Waffen, inbesondere auf dem Schild und auf dem Helm getragen, zunächst als Waffenauszeichnung, dann als Erkennungszeichen im Felde. Die Begriffsverwandtschaft Wappen/Waffen finden wir in fast allen Sprachen.

Seit dem hohen Mittelalter waren im christlichen Abendland die Wappen dann als erbliche Abzeichen in den allgemeinen Gebrauch übergegangen.

DER SCHILD

Der Schild mit der darauf angebrachten Figur trägt vor dem Helm und seinem Schmuck den wesentlichen Teil eines vollständigen Wappens.

Der älteste heraldisch gestaltete Schild stammt aus dem Jahre 1152 und war von halber Mannshöhe. Bis in die zweite Hälfte des 13. Jahrhunderts waren die Schilde dreieckig, unten zugespitzt, oben etwas abgerundet und so gewölbt, dass sie den Leib halb umschlos-

sen. Diese Form des Schildes, auch normannischer Schild genannt, wurde wegen seiner Grösse mittels Riemen um die Schulter getragen.

In der Folge bis ins 14. Jahrhundert wurde der Schild etwas kleiner und zu einem fast gleichseitigen Dreieck. Im 15. Jahrhundert wird er an den Seiten gerade und unten abgerundet. Zur selben Zeit kommt der auf der einen Seite etwas ausgebogene Stech- oder Turnierschild in Mode. Im 16. Jahrhundert wandelt sich die Rundung an der unteren Seite zur Spitze. In der folgenden Zeit, von der Renaissance an, fand der Schild keine praktische Verwendung mehr, was alle möglichen willkürlichen Formen zur Folge hatte – oval, rund, ausgeschweift bis hin zur üppigen Verschnörkelung des 18. Jahrhunderts.

Die zweckmässigste Form zur Anbringung eines Wappenbilds ist die unten halbrunde Schildform. Die unten spitze oder oben ausgebogene Dreieckform erlaubt eine ausgefallenere Gestaltung.

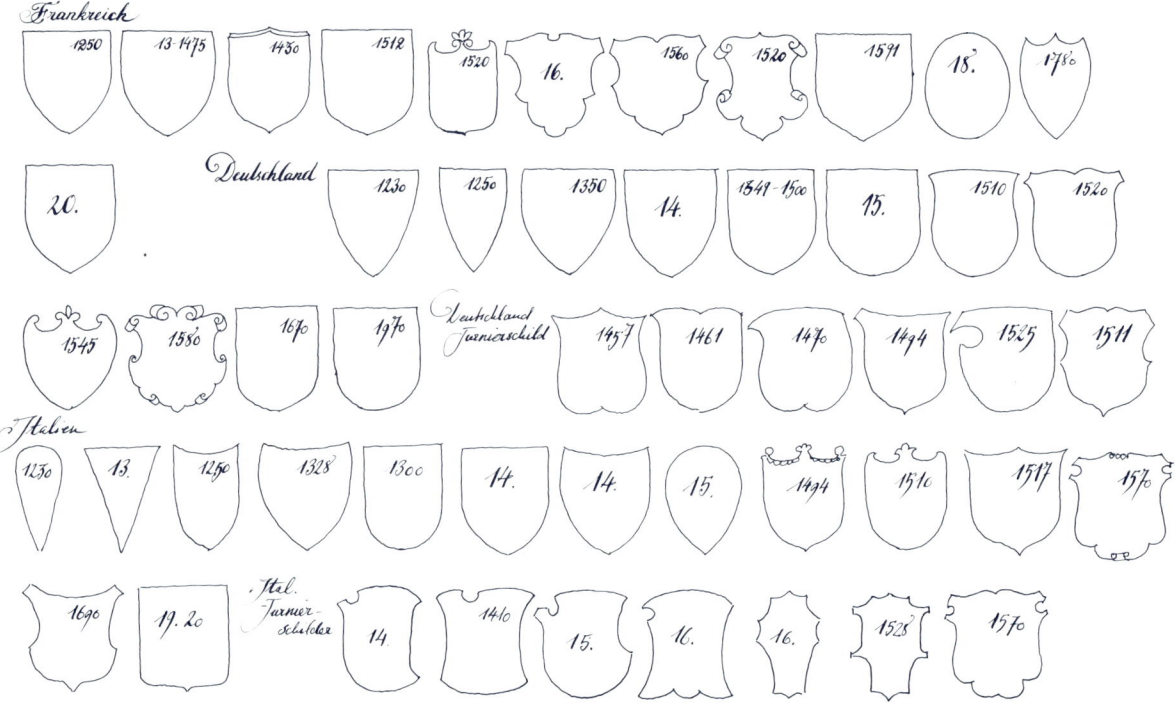

Abb. oben: Verschiedene in Europa vom 13. bis 16. Jahrhundert gebräuchliche Schildformen.
Abb. rechte Seite: Beispiel einer Wappen-darstellung aus Jost Ammans Wappen- und Stammbuch, 1589.

Als Wappenfarben werden in erster Linie nur reine, ungemischte Farben verwendet:

Rot   Mennige, Zinnober
Blau   Ultramarin, Kobaltblau
Grün   Grünspan, Schweinfurtergrün
Schwarz   Russ- oder Rebschwarz
statt Gold   Schwefelgelb, Auripigment
statt Silber   Bleiweiss

Diese Farben wurden, dem ursprünglichen Zweck entsprechend, in bezug auf ihre Fernwirkung ausgewählt. Bei der Anordnung gilt der Grundsatz, dass Farbe nicht auf Farbe, Metall nicht auf Metall zu stehen kommen darf. Es soll also z.B kein roter Löwe auf blauen oder grünen Grund gemalt werden.

Die allgemein übliche, aber unschöne Methode, Farben mittels Schraffur anzugeben, ist nach Möglichkeit zu vermeiden. Farbfelder können diskreter in der Manier der Wappenmaler des späten Mittelalters mittels Farbbezeichnungen durch Buchstaben angegeben werden: R für Rot, B für Blau, Gr für Grün, Sch oder # für Schwarz, G für Gold, S für Silber.

100

DER HELM

Ende des 12. Jahrhunderts taucht neben dem zunächst nackten Schild der Helm auf. Unter heraldischen Helmen versteht man die mit einer Zier, einem Kleinod versehenen Helmformen.

Entsprechend seiner ursprünglichen Verwendung als Kopfschutz der Ritter sind auf dem Helm korrekterweise nur Wappen von Personen und Geschlechtern, nicht solche von Gemeinden und Städten anzubringen.

Zur Darstellung eignen sich in erster Linie den Kopf ganz umschliessende Topfhelme, wobei unbedingt darauf zu achten ist, dass die Formen von Helm und Schild der gleichen Stilrichtung angehören bzw. aus der gleichen Epoche stammen.

Im 12. Jahrhundert wurden zu Turnieren oben flache Topfhelme getragen, die den ganzen Kopf umschlossen. Ende 13., anfangs 14. Jahrhundert wurde der Helm so gross,

dass er auf den Schultern aufsass, oben wies er eine Wölbung auf. Ende des 14. und im 15. Jahrhundert kamen dann die Stech- und Spangenhelme auf. Die Stechhelme wurden zum Turnier mit der Lanze benutzt, während die Spangenhelme ihren Dienst im Kampf mit stumpfen Schwertern und Kolben taten. Der Topfhelm des 12./13. Jahrhunderts gehört zum grösseren dreieckigen Schild, der Kübelhelm des 13./14. Jahrhunderts zum kleineren. Stechhelm und Spangenhelm des 14./15. Jahrhunderts sind dem dreieckigen einseitig gewölbten Schild zugeordnet, zu dem in keinem Fall ein Topf- oder Kübelhelm passt.

Der Helm wird bei aufrechtem Schilde vorwärts gekehrt, bei gelegtem Schilde im Profil dargestellt, und zwar nach der Seite gewendet, nach welcher der Schild geneigt ist.

In der zweiten Hälfte des 16. Jahrhunderts kamen für Form und Stellung der Helme verschiedene Systeme auf, die aber im deutschsprachigen Raum nie besonders Anklang fanden. So waren Spangenhelme den Adeligen vorbehalten und die Stechhelme den Bürgerlichen. Könige in England und Frankreich benutzten reich mit Gold verzierte Helme mit aufgeschlagenem Visier, während der Junker und Neuadelige gewöhnliche Stahlhelme mit herabgelassenem Visier nach rechts gewendet und Bastarde nach links gewendet benutzen durften.

Die Helmkleinode, die Helmzier

Die an oder auf dem Helm angebrachten plastischen heraldischen Figuren bilden als ritterliche Abzeichen, wie der Schild mit seinem Bild einen wesentlichen Bestandteil des erblichen Wappens.

Die Helmzier ist in Farbe und Form meist dem Schild und seinen Figuren angepasst. In

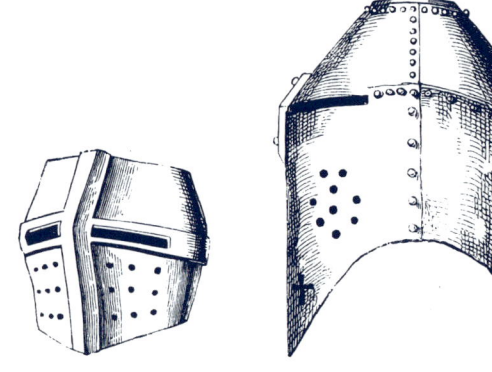

der Regel nimmt sie die Hauptfarben des Schildes wieder auf und ist auch in der Gestaltung auf den Schild ausgerichtet. Die wichtigsten dieser selbständigen Zierformen und Attribute sind: Hörner, Flügel, Schirmbretter, Hüte, Federn, Federköcher und Fahnen sowie Menschen und Tiere.

Von der Vielzahl der Kleinode und ihren Kombinationsmöglichkeiten seien hier nur zwei besonders verbreitete beschrieben. In älterer Zeit treffen wir Hörner, die sichelförmig nur einmal gekrümmt sind und spitz zulaufen, während sie im 15. Jahrhundert offen nach oben auslaufen.

Flügel als Helmzier erscheinen paarweise, offen oder geschlossen. Ihre Form ist mehr oder weniger naturgetreu, auf älteren Topfhelmen jedoch streng stilisiert dargestellt. Die Flügel sind oft mit den Farben des Schildes bemalt oder mit deren Emblemen verziert.

Die Helmdecken

Ursprünglich dienten die Helmdecken, die zuerst im 13. Jahrhundert erschienen, nur dazu, die Hitze der auf das blanke Eisen brennenden Sonnenstrahlen zu vermindern, wie sie heute noch beim Militär aus gleichem Grund angewendet werden.

Im 14. Jahrhundert erscheint die Helmdecke erstmals als malerisch, symmetrisch in Falten gelegtes Mäntelchen, das sich langsam zu einer grossen, mit Einschnitten verzierten Decke entwickelte. In der Regel ist die Aussen- und die Innenseite, die das Futter bildet, von verschiedener Farbgebung. Gewöhnlich ist das Metall innen und die Farbe aussen. Wenn die Schildfigur eine Naturfarbe aufweist, die sich in der Decke nicht darstellen lässt, bedient man sich der ihr am nächsten verwandten heraldischen Farbe.

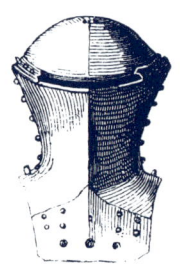

Die meisten Wappendarstellungen der heutigen Zeit werden aus Mangel an Stilgefühl und historischen Kenntnissen den Grundregeln der Heraldik nicht gerecht. Mittelalterliche Wappenbücher in Museen und Bibliotheken, alte Wappenscheiben und Waffen bilden das beste Anschauungsmaterial für eine heraldisch korrekte Darstellung. Auch die genealogischen Gesellschaften geben zur Anfertigung von Familienwappen in kompetenter Weise Auskunft.

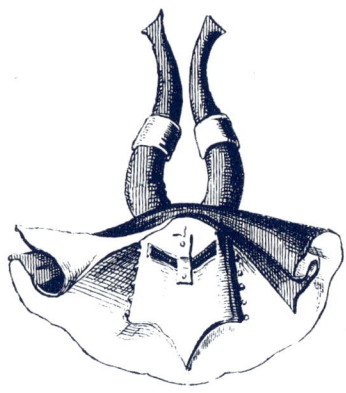

102

MARMORPAPIERE

Marmoriertes Papier eröffnet uns in Verbindung mit kalligraphischen Arbeiten viele Möglichkeiten, das Geschriebene auf besondere Weise zu verpacken und zusätzlich zur Geltung zu bringen, sei es einfach nur als Deckumschlag für ein handgeschriebenes Gedichtbändlein oder als Überzug einer Kartonröhre zum Schutz einer Pergamenturkunde. Mit Marmorpapier lassen sich unzählige nützliche Dinge schön und in der Farbgebung subtil auf den Inhalt abgestimmt überziehen. Ein selbstgefertigtes Marmorpapier ist abgesehen vom Erlebnis der Herstellung allemal etwas Schönes, und kann zusätzlich auf Flä-

chen, die beim Marmorieren eigens zu diesem Zweck ausgespart wurden, reizvoll beschrieben werden.

Unter den Dutzenden von Marmoriertechniken scheint mir die folgende die einfachste und erfolgreichste:
– 250 g ungereinigtes Carraghmoos
– 10 ml Formalin
– Plakatfarben
– 10 ml Ochsengalle
– 100 g Alaun
– 9 l kochendes Wasser
– 2 l Wasser
– diverse leere Gläser oder Becher sowie Pinsel

- eine möglichst grosse Fotowanne, etwas grösser als das gewünschte Papierformat
- Papier, am schönsten beschreibbares Rundsiebbüttenpapier von einer Stärke von ungefähr 120 g/m²
- ein nicht zu eng gezähnter Kamm bzw. eine handlich der Papierbreite angepasste Holzleiste, die in gleichmässigen Abständen mit Nägeln durchschlagen wird.

Zunächst werden 8 l Wasser gekocht, 200 bis 250 g ungereinigtes Carraghmoos zugegeben und 3mal aufwallen gelassen. Dann wird die Masse mit 2 l kaltem Wasser abgeschreckt, umgerührt und anschliessend stehen gelassen. Je länger das Moos quillt, desto dicker wird die Masse, der sogenannte Grund. Zu dicker Grund kann mit warmem Wasser verdünnt werden, zu dünner ist hingegen unbrauchbar. Nach dem Abseihen wird das Ganze 2–3 Tage stehen gelassen. Um das Sauerwerden nach ca. 8 Tagen zu verhindern, gibt man zur Konservierung ein paar Tropfen Formalin zu. Der Grund sollte beim Arbeiten immer gut durchgemischt werden, ohne die sich am Boden absetzende Farbe aufzuwühlen.

Die Plakatfarben werden in gewünschter Dikke mit Wasser angemacht, wobei zu beachten ist, dass dicke Farben die Effekte verstärken, zu dicke jedoch zu Boden sinken. Mit ein paar Tropfen Ochsengalle, in die Farbe gemischt oder nachträglich aufgetropft, kann eine schöne Verteilung auf der Oberfläche erzielt werden und die Farbe wird transparenter. Nach dem Verteilen der verschiedenen Farben können mit dem Pinsel oder dem Kamm nach Belieben Muster in die Oberfläche des Grundes gezogen werden. Ein sparsames Umgehen mit der Farbenwahl ermöglicht gleichmässigere Marmorpapiere.

Das Papier wird vor Gebrauch in ein warmes Alaunbad aus 80 g Alaun und 1 l warmem Wasser getaucht und anschliessend getrocknet und gepresst. Alaun fixiert später die Farbe auf dem Papier. Das trockene Papier, das nicht wellig sein sollte, wird sorgfältig von links nach rechts auf die «bemalte» Oberfläche des Grundes abgerollt, ohne dass unvorhergesehen Luftblasen entstehen. Solche Luftblasen können jedoch auch ganz gezielt hergestellt werden, um einen reizvollen Hintergrund für die Niederschrift eines Textes zu erhalten. Dazu müssen sie eine gewisse Grösse haben und in ihrer Fläche sauber sein. Ein vorsichtiges Abrollen des Blattes auf dem Grund ermöglicht eine unverschmierte Zeichnung. Unter fliessendem Wasser wird danach der Rest des Grundes abgespült. Wenn der Grund nicht immer wieder mit den Händen durchmischt wird und nicht gleichmässig dick ist, treibt die Farbe unterschiedlich und kann ein gleichmässiges Muster stören.

Der Grund sollte auch immer auf gleicher Zimmertemperatur gehalten werden und muss gelegentlich neu angesetzt werden.

SIEGEL

Siegelabdrücke bestanden ursprünglich meistens aus Bienenwachs unter Beigabe von Farbpigmenten, die der Zeichnung des Siegelstockes (Petschaft) einen besseren Ausdruck verliehen. Bis ins 12. Jh. wurden die Siegel auf die jeweilige Urkunde aufgedrückt und später mit Hilfe von Schnüren oder Pergamentstreifen an die Urkunde gehängt. Zum Schutz der Siegelabdrücke wurden diese oft in Holz oder Metallkapseln eingeschlossen. Seit etwa 1560 wurde auch Siegellack verwendet. Der gewöhnliche, rote Siegellack bestand meistens aus Schellack, Venetianer Terpentin und Zinnober. Um ein zu schnelles

Für
Karl
zum
65. Geburtstag
ein

Margaux

SCRIPTORIVM · AM · RHYSPRVNG

Huus-Wyy

QVI·MVLTVM·BIBIT·BENE·DORMIT
QVI·BENE·DORMIT·NON·PECCAT
QVI·NON·PECCAT·IN·COELVMVENIT
ERGO·QVI·MVLTVM·BIBIT·IN·COELVMVENIT

Wer viel trinkt schläft gut. Wer gut
schläft, sündigt nicht. Wer nicht sündigt
kommt in den Himmel. Darum: Wer
viel trinkt, kommt in den Himmel.

19 A № D 89

Der Wein
mit der
persönlichen
Note

Die handgeschriebene
Etikette

Banderole
oder
Kordel

versiegelte
Kappe

Brust
siegel

Etikett

Hochzeitswein
für
Petra & Klaus
Fleurie

zusätzlich im Flaschen
boden versiegelt

das Einfädeln des
Bander in die
Etikette:

3 Schnitte mit
dem Messer
"oben und unten"

Bordeaux
ohne
Banderole

Banderole
als
Kravatte

Klaus

Chateau
R. Christine

Nur kurz
eintauchen
eventl.
wiederholen!

Nach dem Tauchen in den
geschmolzenen Lack - Siegelstock
auf den Flaschenkopf drücken
Vorsicht: durch die wärme kann sich
der Zapfen lösen!

Siegellack in einer Pfanne
so leicht erwärmen dass er
schmilzt, aber nicht überkocht. Feuergefahr!

Geschenkpackung.

Tropfen beim Erwärmen zu verhindern, wurde Kreide, Magnesia oder gebrannter Gips zugegeben. Anstelle von Zinnober wurde oft Smalte, Ultramarin, Ocker, Mennige, Bolus oder Grünspan als Farbstoff verwendet.

Ein guter Siegellack soll beim Erhitzen über der Kerze oder der Gasflamme schmelzen, darf aber nicht so dünnflüssig werden, dass er tropft. Siegellack soll auch nicht brennen, wenn er erwärmt wird. Diese Eigenschaften erlangt man durch eine Harzmischung mit mehr oder weniger grossem Zusatz von Schellack. Das Farbpulver sollte von der allerfeinsten Qualität sein, um eine optimale Verteilung in der Harzmasse zu gewährleisten.

In einem möglichst nicht metallenen Gefäss, welches in einem Sandbad liegt, wird der Schellack geschmolzen. Die Verwendung einer mit Sand gefüllten Pfanne auf der Herdplatte, noch besser über der Gasflamme, ermöglicht ein dosiertes Erwärmen des Schellacks. Dabei sollte die Temperatur so gehalten werden, dass sie gerade zum Verschmelzen der Harze reicht. Nachdem der Schellack geschmolzen ist, wird das Terpentin zugefügt und die Mischung unter Beigabe der anderen Harze gleichmässig verrührt. Die vorher feingeriebene Farbe wird erwärmt und durch ein Sieb so der Mischung beigegeben, dass sich keine Klumpen bilden. Schliesslich wird das Ganze vorsichtig vom Feuer genommen und unter gutem Umrühren das Terpentinöl und allfällige Duftöle beigegeben.

Soll der Siegellack für den Verkauf hergestellt werden, verwendet man Giessformen aus Messing oder erstklassig verchromtem Stahl, die mit etwas Vaselinöl eingerieben werden, bevor die flüssige Masse eingegossen und rasch abgekühlt wird. Nach dem Erkalten nimmt man die Stangen aus der Form und gibt ihnen durch leichtes Anschmelzen der Oberfläche mit einem Heissluftfön einen optimalen Glanz. In diesem halbweichen Zustand können auch allfällige Stempel und Verzierungen eingedrückt werden.

Für den eigenen Gebrauch kann die etwas erkaltete Siegelmasse von Hand auf einer Marmor- oder Glasplatte zu Stangen ausgerollt werden.

ROTER SIEGELLACK

| | Qualität (in Teilen pro 1000) | | |
	Feinst	Fein	Mittelfein
Schellack	350.0	240.0	160.0
Zinnober	260.0	180.0	125.0
Lärchenterpentin	240.0	280.0	225.0
Magnesiumoxyd	60.0	–	–
Kreide	–	60.0	125.0
Gips	–	60.0	20.0
Terpentinöl	90.0	20.0	25.0
Kolophonium	–	160.0	320.0
	1000.0	1000.0	1000.0

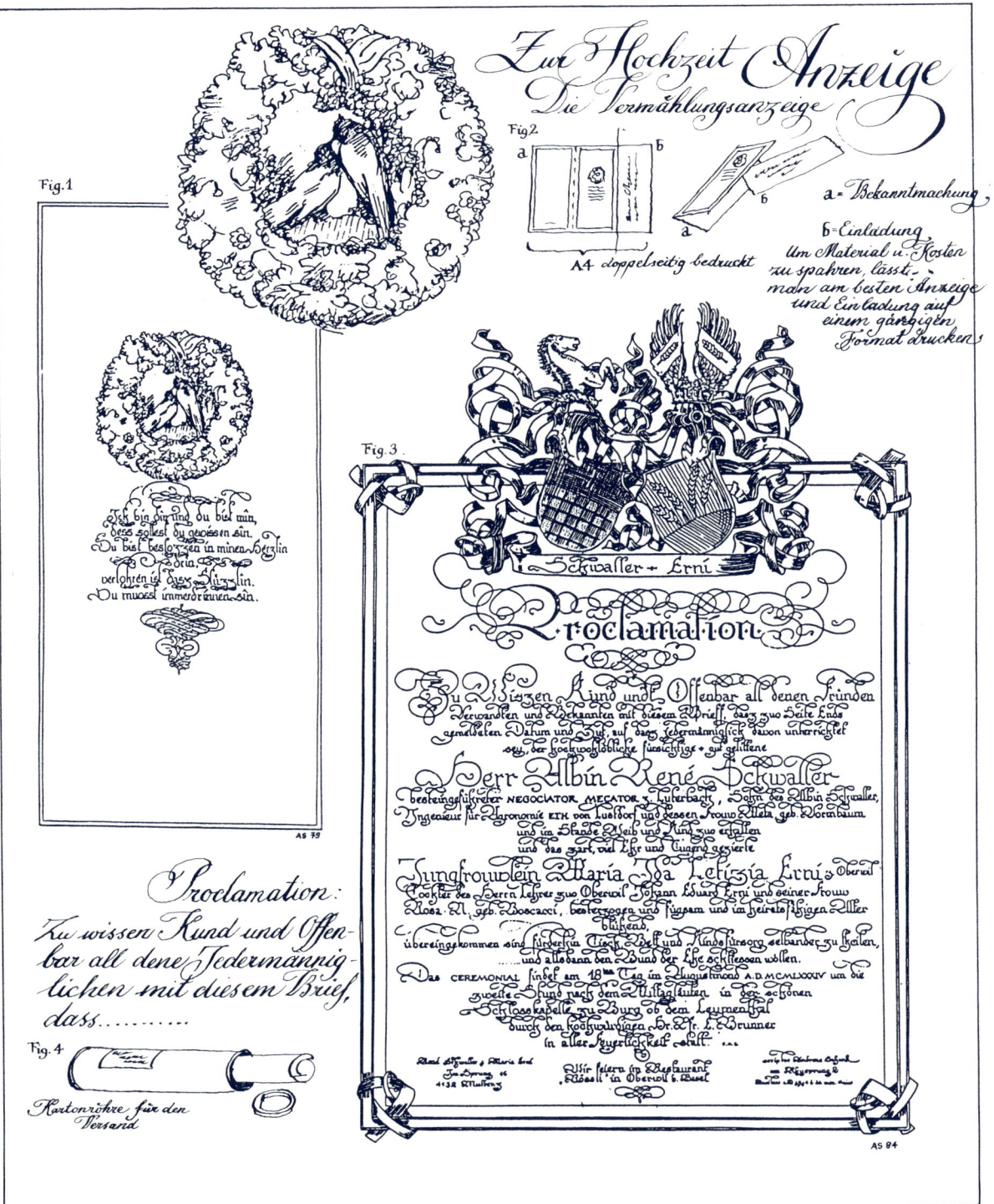

Zur Hochzeit Anzeige
Die Vermählungsanzeige

Fig.1

Fig.2

a = Bekanntmachung

b = Einladung
Um Material u. Kosten
zu spahren, lässt
man am besten Anzeige
und Einladung auf
einem gängigen
Format drucken

A4 doppelseitig bedruckt

Fig. 3

Schwaller + Erni

Proclamation

Proclamation:
Zu wissen Kund und Offen-
bar all dene Jedermännig-
lichen mit diesem Brief,
dass..........

Fig. 4

Kartonröhre für den
Versand

Um blauen, schwarzen oder grünen Siegellack zu erhalten, verwendet man die entsprechenden Farbstoffe Ultramarinblau, Lampenruss oder Zinkgrün anstelle des Zinnoberrots.

Goldflitter im Siegellack erhält man durch Verwendung von Bronzepulver oder in vergälltem Spiritus fein eingerührtem Blattsilber oder Blattgold.

FLASCHENLACK

In einem tönernen Schmelzgefäss wird 300 g gelbes Harz, 50 g Ceresin, 350 g Kolophonium und 50 g Japanwachs vorsichtig geschmolzen und 250 g gut getrocknete Farbe nach und nach eingesiebt. Zuletzt wird 25 g vergällter Spiritus beigemischt. Vorsicht! Die Beigabe von Spiritus bewirkt eine starke Blasenbildung, weshalb das Schmelzgefäss nicht zu klein sein sollte.

Unter gleichbleibender Temperatur werden nun die zu versiegelnden Flaschen, nachdem sie getrocknet sind, in den Lack getaucht und abtropfen gelassen. Im noch nicht erkalteten Zustand können noch Siegelabdrücke angebracht werden.

Siegeln von Flaschen mit Kordeln: Die nicht zu dick gewählte Kordel muss vor dem Siegeln am Flaschenkopf angebracht werden. Entweder wird sie durch entsprechende Verknotung festgebunden oder am Korken angeleimt und dann mit Lack überzogen.

Siegeln von Flaschen mit Banderolen: Das nicht allzu breite, auch mehrfarbige Seidenband wird am besten am Korken angesiegelt und festgeklebt.

108

GESCHÄFTSBEDINGUNGEN EINES KALLIGRAPHEN

Bei Verwendung kalligraphischer Arbeiten für ein breiteres Publikum kann eine Reihe von Fragen auftreten. Die folgenden Angaben sollen dazu einige allgemeine Hinweise und Anregungen geben.

DIE GRUNDLAGEN

a) Das Qualitätsprinzip erfordert die Gewähr qualitativ hochwertiger Leistungen.

b) Jede Auftragserteilung gilt als Vertrag im Sinne eines Werkvertrages nach allgemeingültigem Recht.

VORARBEITEN

a) Eine erste Besprechung beim Kalligraphen ist unverbindlich und kostenlos. Findet diese Besprechung ausserhalb dieses Rahmens statt, so ist sie entsprechend dem Zeitaufwand und den Reisekosten mit einem Taggeld zu entschädigen.

b) Eine umfassende Orientierung des Kalligraphen durch den Auftraggeber über Ziel und Zweck der Arbeit ist unerlässlich und soll die beabsichtigte Nutzung von vornherein beinhalten.

c) Wettbewerb: Werden vom Auftraggeber für die gleiche Arbeit noch von anderen Kalligraphen Entwürfe verlangt, muss dies bekanntgegeben werden.

d) Bei grösseren Arbeiten sollte unbedingt vor Arbeitsbeginn ein genauer, verbindlicher Kostenvoranschlag für alle Leistungen erstellt werden. Der Voranschlag ist als Schätzung zu betrachten. Eine während der Ausführung der Arbeiten entstehende allfällige Überschrei-

tung sollte dem Auftraggeber mitgeteilt werden.

e) Die klare schriftliche Festlegung von Auftrag, Zweckbestimmung und Honorierung bildet den wesentlichen Bestandteil jeder Auftragsbestätigung.

AUSFÜHRUNG

a) Angenommene und abgelehnte Entwürfe bleiben mit allen Rechten urheberrechtliches Eigentum des Kalligraphen und sind ihm auf besonderen Wunsch zurückzugeben.

b) Jeder Entwurf, auch der abgelehnte, ist eine schöpferische Arbeit und ist auf alle Fälle mit einem Drittel bis zur Hälfte des Ausführungshonorares zu entschädigen. Bei späterer Verwendung wird das bereits bezahlte Entwurfshonorar in Anrechnung gebracht.

c) Die vom Auftraggeber gewünschten Entwurfsvarianten und Überarbeitungen sind gesondert zu honorieren.

d) Der vom Auftraggeber angenommene Entwurf bildet die Grundlage zur Erstellung einer Reinzeichnung als reproduktionsfähige Vorlage. Nachträgliche Änderungen sind gesondert zu honorieren.

e) Trägt der Kalligraph dem Auftraggeber gegenüber für eine einwandfreie drucktechnische Wiedergabe seines Werkes die Verantwortung, so muss er zur Überwachung des Andruckes beigezogen werden, was gemäss Zeitaufwand in Rechnung gestellt wird.

f) Das «Gut zum Druck» wird in jedem Fall vom Auftraggeber erteilt.

g) Entwürfe dürfen weder verändert noch nachgeahmt werden. Die Ausführung und Reinzeichnung darf nur vom Urheber hergestellt werden, sofern nichts anderes vereinbart wurde.

URHEBERRECHT

a) Ausschliessliche Verfügung: Der Kalligraph besitzt über alle Entwürfe und Reinzeichnungen die ausschliessliche Verfügung im Sinne des Urheberrechtgesetzes betreffend Literatur und Kunst. Das Sachbesitzrecht kann durch Kauf erworben werden.

b) Der Auftraggeber besitzt das Miturheberrecht am Werk nur dann, wenn er nachgewiesenermassen an der konkreten Gestaltung des Werkes mitgearbeitet hat. Die Vermittlung von Ideen und allgemein gehaltenen Änderungen sind selbstverständliche Voraussetzungen und genügen nicht zur Begründung eines Miturheberrechtes. Die Mitarbeit des Auftraggebers berechtigt nicht zum Besitz der Arbeit.

c) Der Kalligraph ist berechtigt, sich als Schöpfer des von ihm geschaffenen Werkes zu bezeichnen und aufgrund einer vorhergehenden Vereinbarung auch zu signieren.

d) Wenn keine zeitliche Begrenzung festgelegt wurde, ist ein Werk unbeschränkt verwendbar.

e) Änderungen des Werkes dürfen nur vom Urheber persönlich oder mit dessen Zustimmung vorgenommen werden. Bei schwerwiegenden Fällen kann der Urheber sein Recht geltend machen. Ein in dieser Hinsicht im voraus erklärter Verzicht ist nichtig.

ABTRETUNG DES NUTZUNGSRECHTES

a) Es ist grundsätzlich Sache des Auftraggebers, den Umfang der Nutzungsrechte nachzuweisen. Nicht nachgewiesene Nutzungsrechte bleiben beim Urheber.

b) Der bei jedem Werk angegebene Nutzungsbereich gilt als Berechnungsgrundlage, eine weitere Nutzung ist nur mit Zustimmung des Urhebers zulässig und gesondert zu entschädigen.

c) Hat der Auftraggeber den vereinbarten oder üblichen Nutzungsbereich unerlaubterweise überschritten, so wird er ersatzpflichtig, und dem Urheber bleiben alle weiteren Rechte vorbehalten.

STICHWORTREGISTER

MUSEEN, BIBLIOTHEKEN, VEREINE, BEZUGSQUELLEN

Stiftsbibliothek St. Gallen
Im Klosterviertel
9000 St. Gallen

Burgerbibliothek Bern
Münstergasse 63
3011 Bern

Papiermühle Basel
St. Albantal 37
4000 Basel

Bayrische Staatsbibliothek
Postfach 1500
D-8000 München 34

Deutsche Staatsbibliothek
Unter den Linden 8
Postfach 1312
DDR-108 Berlin

Archives Nationales
60, Rue des Francs Bourgeois
F-75141 Paris

British Museum
Department of Manuscripts
Great Russell Street
GB-London WC1B 3DG

Schriftmuseum
J. A. Dortmond
Singel 425
NL-Amsterdam

Kunsthistorisches Museum
Burgring 5
A-1010 Wien 1

Farben:
Dr. Georg Kremer
Farbmühle
D-7971 Aichstätten

Federn:
Philipp Pool
Drury Lane
GB London

The Writing Equipment Society
Harry Scharf
175A Ulverley Green Road
Solihull, W-Midlands B92 8AA
England

Au Fil de la Plume
Nicole et Georges Coudert
7, Rue des Epinettes
F-75017 Paris

Papier:
Falkiner Fine Papers Ltd.
117 Long Acre
GB-London WC2E 9PA

L. Cornelissen & Sohn
22, Gt. Queen Street, King's Way
London, W.C. 2

BEZUGSQUELLEN

Es gibt in allen grösseren Städten
Papierhandlungen, die entweder
über eine genügende Auswahl an
Schreibutensilien verfügen oder
solche bestellen können. Für nicht
oder kaum erhältliche Materialien
gebe ich hier einige Adressen
bekannt, die mindestens Auskunft
über weitere Bezugsquellen geben
können.

Scriptorium am Rheinsprung
Rheinsprung 2
CH-4051 Basel, Tel. 061/25 39 00

Robert Rebetez
Bäumleingasse
CH-4051 Basel

Montel Bürobedarf
Königsstrasse 60
D-4100 Duisburg

KALLIGRAPHISCHE VEREINIGUNGEN

In der Schweiz besteht eine
Interessengemeinschaft ohne
Vereinsstatuten.
Kontaktadresse:
Roland Nyffeler
Gerenstrasse 25
8305 Dietlikon

Freundeskreis Calligraphy
Karl Wilhelm Meyer
Nördliche Hildapromenade 18
D-7500 Karlsruhe

Schreibwerkstatt Klingspor
Offenbach
Förderkreis internationaler
Kalligraphie e. V.
Weilburger Weg 7
D-6050 Offenbach/Main

Society of Scribes and Illuminators
Honorary Secretary
54 Boileau Road
London SW13 9BL

Friends of the Written Letter
Mr. Ludo Devaux
Van Dornestraat 3 B6
B-2100 Antwerpen Deurne

Elmar Hagen
Morgenstrasse 18
Postfach 172
A-6890 Lustenau

Zeitschrift:
Calligraphy Review Inc.
2421 Wilcox Drive
Norman, OK. 73069, U.S.A.

Dank an:

Guido Schmidt
Joseph Thüring
A. Schenk, W. Rentsch AG
Thomas Dix
Klaus–Peter Schäffel
Roger Hartmann †
Peter Friedli
Willi Granert
Sam und Kat Werder
Monika Schmidhofer
Claudia Heeb